왜 청바지를 입은 재벌인가?

빌 게이츠 · 스티브 잡스 · 마크 저커버그

왜 청바지를 입은 재벌인가?

빌 게이츠 · 스티브 잡스 · 마크 저커버그

초판 1쇄 인쇄 · 2017년 7월 20일
초판 1쇄 발행 · 2017년 7월 25일

지은이 · 이태주
펴낸이 · 한봉숙
펴낸곳 · 푸른사상사

주간 · 맹문재 | 편집 · 지순이 | 교정 · 김수란
등록 · 1999년 7월 8일 제2-2876호
주소 · 경기도 파주시 회동길 337-16
대표전화 · 031) 955-9111(2) | 팩시밀리 · 031) 955-9114
이메일 · prun21c@hanmail.net / prunsasang@naver.com
홈페이지 · http://www.prun21c.com

ISBN 979-11-308-1203-8   04080
ISBN 979-11-308-1075-1   04080 (세트)

값 13,000원

이 도서의 국립중앙도서관 출판예정도서목록(CIP)은 서지정보유통지원시스템
홈페이지(http://seoji.nl.go.kr)와 국가자료공동목록시스템(http://www.nl.go.kr/
kolisnet)에서 이용하실 수 있습니다.(CIP제어번호: CIP2017016593)

지식에세이

4

이태주

왜 청바지를 입은 재벌인가?

빌 게이츠 · 스티브 잡스 · 마크 저커버그

푸른사상
PRUNSASANG

책을 내면서

2015년 6월 15일 미국의 주간지 『타임』은 현재 5천만 명의 극빈자들이 지구상에 살고 있으며 이 숫자는 2차 대전 이후 최대의 수치라고 발표했다. 아프리카 극빈 지역 아동들을 구호해야 한다고 호소하는 소리가 매일 전파를 타고 있다. 아프리카뿐인가. 세계 곳곳에서 벌어지는 전쟁과 재난으로 고향을 떠나 유랑하는 난민들의 참상과 북한에서 굶어 죽은 300만 명은 우리를 경악케 한다. 세상은 이토록 극과 극을 달리고 있다.

돈이란 무엇인가? 돈을 어떻게 벌면 억만장자가 되는가? 이 세상에는 돈 벌기 위해 돈을 버는 지하경제로 호사를 누리는 부자들도 있다. 그들에게는 문화도, 교육도, 자선도, 눈물도, 국민도, 뜨거운 가슴도 없다. 나는 그런 인간들에 대해서는 관심이 없고 경멸감을 느낀다. 내가 존경하는 재벌들은 피땀 흘려 이룩한 재산으로 문화예술을 후원하고 자선의 업적을 남긴 인물들이다. 사회 공익에 헌신한 재벌들의 인생을 접하면 나는 인간의 긍지를 느끼게 되고 행복하다.

스티브 잡스는 맨발의 히피였다. 반물질주의를 구가하던 맨발의 무명 청년이 억만장자가 되었다. 그러나 초지일관, 그는 히말라야 선원(禪院)의 철인(哲人)이었다. 잡스는 물질만으로는 행복할 수 없다는 것을 알고 있었다. 그래서 벌어들인 돈은 아낌없이 자선단체에 기부했고, 지금도 그 일은 계속되고 있다. 미국의 대재벌 워런 버핏은 말했다. "돈이 목적이 아니다. 돈으로는 행복해질 수 없다." 그는 50년 전 구입한 검소한 시골집에 살면서 그 집과 아내에게 사준 반지가 평생 구입한 최고의 물건이었다. 그는 자식들에게 자산을 남기지 않고, 99퍼센트의 유산을 사회에 기부한다고 언명했다. 알타 메사 공원묘지 스티브 잡스의 호젓한 산소에는 아무런 표식도 없다. 이 모든 희한한 일이 평생 그가 입고 다닌 목이 긴 검은 스웨터와 청바지에 상징적으로 나타나 있다. 처음 그 차림으로 신제품 발표회장에 나타났을 때, 온 세상 사람들은 놀라고, 열광했다. 잡스는 그전의 재벌들과 근본적으로 다르다는 것을 사람들은 순식간에 느꼈다.

빌 게이츠는 어떤가. 하버드 대학생 시절, 36시간 자지 않고 공부하고, 입은 채로 그 자리에 자다가 다시 일어나서 공부하는 불규칙한 생활을 했다. 이 습관이 그 이후에도 계속되었다. 침대서 자는 일이 드물었다. 어디서나 앉으면 자고, 누우면 잠들었다. 게이츠는 복장도 잠자리도 관심이 없었다. 그는 일을 시작하면 열광하는 버릇이 있었다. 단 5분도 아까웠다. 옷을 차려입고 멋을 부리는 시간이 아까웠다. 특별한 모임 이외에는 넥타이도 매지 않는다. 그래서 티셔츠와 청바지가 그에게는 가장 편리하고 어울리는 옷이 된다.

청바지의 의미는 이것만이 아니다. 그는 보통 인간의 문제에 관심을 쏟으면서 제반 해결책을 모색하고 있다. 이 점, 그는 재벌 특권층이 아니라 서민적인 생활 개념을 지니고 있는 보통 사람이다. 그는 항상 대중 취향이다. 노동자, 젊은이, 청빈거사(淸貧居士)들과 예술가들이 애용하는 청바지. 남녀 차별, 빈부 차별 없는 인간의 옷. 영원한 청춘의 푸른 깃발. 그 청바지를 그는 입고 있다. 그는 '기브 앤드 테이크'의 입장을 거부한다. '기브 앤드 기브'의 입장이다. 아낌없이 주고 간다는 것이다. 시대와 세상이 변해도 세계 부호 1위를 지키는데, 그 비결은 축적한 재산을 인류를 위해 무제한 쏟아내고 있기 때문이다. 그 힘은 어디서 오는가. 오늘날 인류가 직면하고 있는 어려운 문제를 파고들면서 구원의 은혜를 베푸는 자비의 정신 때문이다. 게이츠는 청바지를 입고 이 일을 하고 있다. 민족, 인종, 종교, 문화의 장벽을 뚫고, 정보 하이웨이를 실현한 IT처럼 청바지는 미래로 가는 게이츠 정신의 표징이 되고 있다.

마크 저커버그의 출발도 하버드 대학교 캠퍼스였다. 그가 창시한 '더페이스북'은 대학생을 소셜 네트워크를 통해 서로 연결하는 온라인 디렉토리였다. 이 프로그램은 여타 다른 대학에도 순식간에 파급되었다. 이것을 기반으로 마크는 팰로앨토에 사무실을 열었다. 마크는 말했다. "나는 이 세상을 확 열어 보이고 싶다." 대학 캠퍼스는 더페이스북 때문에 이윽고 확 열린 광장이 되었다. 당시 대학은 청바지 물결이었다. 자연히 마크의 복장은 청바지 캐주얼이 되었다. 마크는 대학문화 한가운데 우뚝 서 있었다. 2005년 더페이스북은 '페이스북'이라는 이름을 갖게 되었다. 미국 대학의 학부 학생 85%가 페이스북 등록자가 되었다. 페이스북은 미국 대학 정보 시장을 제패했다.

페이스북은 일반인에게도 공개되어 폭발적인 성장을 이룩했다. 그러나 마크는 홀가분하게 청바지 차림으로 가방 하나 들고 세계 일주 여행을 떠났다. 마크의 여행은 그동안 경영을 맡은 셰릴 샌드버그에게 자유와 독단을 허락했다. 이런 자유와 해방은 청바지 문화에 속한다.

페이스북은 계속 진화하고 있다. 마크는 별도의 회장실을 갖고 있지 않다. 사원들 방 한구석에 자신의 테이블을 놓고 오가는 사원들과 교류한다. 페이스북은 격식과 규율에 얽매인 억압에서 벗어나 자유와 책임의 자율적 회사 분위기를 고취하며 계속 진화하고 있다. 캐주얼한 청바지 복장은 바로 그런 정서적 감동을 말하고 있다. 페이스북을 통한 인간과 기업의 관계도 계속 발전하고 있다. 마크는 벌어들인 돈을 대부분 사회를 위해 흔쾌히 내놓고 있다. 그에게 돈은 유익한 다른 일을 성취하기 위한 수단이지 그 자체가 목적이 아니다. 돈으로도 살 수 없는 것을 그는 찾고 있다. 돈이 있으면 호화주택을 살 수 있지만 가정은 살 수 없다. 고급 시계는 살 수 있지만 시간은 살 수 없다. 책은 살 수 있지만 지식은 살 수 없다. 지위나 명예는 살 수 있어도 존경은 살 수 없다. 이런 교훈을 삭이고 다지며 일하는 마크 저커버그를 향해 우리는 갈채를 보내고 있다.

몇 년 전 필자는 수많은 역사의 변전 속에서 한 인간이 어떻게 재산을 축적해서 재벌이 되었는가를 알려주는 창업 비화를 소개하고, 그 축적된 재산을 어떻게 사회에 되돌려주었는가에 관한 이야기를 담아 『재벌들의 밥상』이란 책을 펴낸 바 있다.

이 책은 그중 현대 정보화시대를 상징하는 세 명의 기업가(빌 게이츠, 스티브 잡스, 마크 저커버그)를 선정하여 그들의 눈부신 개성, 드라마틱한 성공, 독특한 매력, 무엇보다도 재벌의 사회적 역할에 대한 신념과 실천을 조명한 것이다. 기술로 세상을 바꾸는 혁신의 주자였던 그들은, 이제 자신들의 부와 영향력으로 세상을 더욱 혁신시키는 '청바지 재벌'이다.

이 태 주

차례

세계를 연결하다, **마크 저커버그**

마이크로소프트 제국의
빌 게이츠

©UK Department for International Development
(wikipedia)

1
빌 게이츠, 그는 누구인가

빌 게이츠는 1955년 10월 28일 미국 워싱턴 주 시애틀에서 태어났다. 그는 기업가, 자선사업가, 컴퓨터 프로그래머, 투자자이다. 1975년 그는 폴 앨런과 함께 마이크로소프트를 창립했다. 세계 최대 PC 소프트웨어 회사다. 게이츠는 2014년 5월까지 이 회사의 회장, CEO, 소프트웨어 주 설계자, 최대 주주를 맡고 있었다. 그는 여러 권의 책을 저술하거나 공저하고 있다.

1987년부터 경제잡지 『포브스』세계 부호 리스트에 오르고 있는데, 1995년부터 2016년까지(2007~2008년 재정위기를 제외하고) 세계 최고 부자 자리를 차지하고 있다. 2009년부터 2014년까지 그의 재산은 820억 달러로 추산되고 있다. 게이츠는 컴퓨터 관련 최고의 기업가로 꼽히는데, 그의 경영 전략 때문에 비난을 받기도 해서 여러 재판 소동도 일으키는 잡음을 몰고 왔다.

그러나 근년에 이르러 게이츠는 통 큰 자선사업가로 변모하고 있다. 2000년에 창설한 '빌 & 멀린다 게이츠 재단'을 통해 수많은 자선사업 단체에 막대한 기부를 하고, 과학 연구 프로그램을 지원하는 일을 하고 있다.

게이츠는 2000년 1월 마이크로소프트의 이사장 자리에서 물러났다. 2006년 6월 15일 마이크로소프트 회사 일을 '풀타임'에서 '파트타임'으로 전환한다고 언명했다. 2014년 2월 마이크로소프트 회장직도 물러났다. 그는 자선사업 재단 일에 전적으로 매달리겠다고 말했다. 소프트웨어 일을 레이 오지와 크레이그 먼디에게 넘기고, CEO 사티아 나델라를 돕는 기술고문 직만 보유하고 있다.

하버드대학교를 중퇴했던 그는 현재 '버크셔 해서웨이' 이사이며, 종교는 가톨릭, 멀린다 게이츠와 1994년 결혼했다.

빌 게이츠의 가계

빌은 재능 있는 가계(家系)에서 태어났다. 어머니 쪽 증조부 맥스웰은 유명한 은행가였다. 증손자가 마이크로소프트를 창설한 나이 19세에 그도 고향을 떠나 큰마음 먹고 네브라스카 주 링컨 시에서 은행업을 시작했다. 그는 1892년 워싱턴 주 사우스벤드의 시장으로 선출되고, 주 정부 일을 하다가 1906년 시애틀로 이사 갔다. 맥스웰은 그곳에서 내셔널 은행을 설립하고, 은행업으로 전국적인 명성을 얻게 되었다.

맥스웰의 아들 제임스 맥스웰은 워싱턴대학교를 졸업하고 은행 일을 시작했다. 제임스는 대학 시절 아델 톰슨을 만나 결혼했다. 두 젊은이는 시애틀 사교계의 꽃이었다. 그는 퍼시픽 내셔널 은행의 은행장으로 승진했다. 이들의 딸 메리 맥스웰은 1929년 시애틀에서 탄생했다. 미인인 메리는 워싱턴대학교 재학 시절 빌 게이츠라는 이름의 학생을 만났는데, 그는 당시 법학대학원 진학 준비를 하고 있었다. 빌의 부친 게이츠 2세는 워싱턴 주 브레머턴에서 태어났다. 부친은 그곳에서 가구점을 경영하고 있었다. 게이츠 2세는 대학을 졸업하고 변호사보(補)가 되었다. 메리는 그의 후배였지만 그녀가 1952년 졸업하자 두 사람은 결혼했다. 부부는 시애틀에 둥지를 틀고 메리는 학교 교사로, 게이츠는 법률사무소를 개설해서 공동 경영자가 되었다. 1954년 메리는 장녀 크리스티를 낳고 1년 후, 장남 빌 게이츠 3세를 낳았다.

게이츠 3세는 1955년 10월 28일 오전 9시에 태어났다. 양친은 아들에게 '트레이'라는 별명을 붙였다. 후에 3세가 된다는 뜻이었다. 메리는 아들 출산 후 육아를 위해 교사를 그만두었다. 남편은 법률사무소를 독자적으로 설립했다. 게이츠는 소년 때부터 뭐든지 1등이었다. 그는 1등에 대한 강박관념이 있었다. 메리는 사회봉사 활동을 하다가 퍼스트 인터스테이트 은행 임원이 되었다. 빌 2세는 워싱턴 주 변호사협회 회장이 되었다. 게이츠 부부는 시애틀의 저명인사가 되었다.

소년 시절, 운명의 날

시애틀의 유니버시티 콘그리게이셔널대학 부속교회의 터너 목사는 1년에 한 번 학동들에게 성서 암기 과제를 냈다. 그 과제를 완수하는 아동은 시애틀 명물 우주탑에서 목사님의 만찬 대접을 받게 되어 있었다. 열한 살의 빌은 목사님이 낸 마태복음 5, 6, 7장 산상수훈을 완전히 암기했다. 그동안 이 구절을 완전히 암기한 아동은 한 사람도 없었기 때문에 목사님은 몹시 놀랐다. 그는 빌의 집을 방문해 아동의 놀라운 암기력을 칭찬하면서 빌은 심상치 않은 두뇌를 갖고 있다고 말했다. 빌은 목사님에게 말했다. "마음만 먹으면 뭐든지 할 수 있어요."

빌 게이츠는 열한 살 때 수학과 이과에 뛰어난 성적을 나타냈다. 시애틀 명문교 레이크사이드 스쿨에 진학했고, 재학 중 회사를 설립했다. 컴퓨터 신동들하고 모인 것이다. 1968년 봄, 레이크사이드 스쿨은 중대한 결정을 내렸다. 학교 예산으로 컴퓨터를 한 대 구입한다는 것이었다. 당시 컴퓨터 가격은 수백만 달러였다. 정부, 대학, 대기업이 아니면 구입할 수 없었다. 그래서 학교에서는 저렴한 텔레타이프형을 구입하기로 했다. 요금을 지불하면, 명령을 텔레타이프로 입력하고, 전화선을 통해 시애틀 중심가에 있는 PDP-10(프로그램 데이터 처리장치)에 송신하는 기계였다. PDP는 DEC사가 개발한 미니 컴퓨터로, 사방이 50센티미터, 높이 1미터 반, 중량 110킬로그램이었다. 이 기계는 게이츠의 성장에 중요한 역할을 하게 된다. 이 기계를 통해 게이츠는 '퍼스널 컴퓨터'의 앞날을 모색하게 되었다.

PDP는 제너럴일렉트릭(GE) 소유였다. 이 회사는 기계 사용료를 받았다. 학교 어머니회는 이 기계의 구입을 위해 재활용품 장터를 통해 약 3천 달러를 모금했다. 레이크사이드 스쿨은 미국에서 컴퓨터를 설치한 최초의 고등학교가 되었다. 수학 시간에 처음으로 컴퓨터를 보자, 게이츠는 자석처럼 기계에 붙어버려 틈만 나면 보러 갔다. 그것은 기적 같은 것이었다. 게이츠가 평소 빠져 있던 과학소설 이상이었다. 게이츠가 컴퓨터실로 갈 때마다 2년 선배 폴 앨런이 그곳에 있었다. 폴은 과학소설을 게이츠보다 네 배는 더 읽고 있었다. 폴의 집에 가서 게이츠는 과학소설 장서를 보고 깜짝 놀랐다. 폴이 독서량이 많은 것은 워싱턴대학교 도서관장보를 맡고 있는 아버지 때문이었다. 게이츠와 폴은 컴퓨터에 미쳐 있었다. 7년 후 두 학생은 마이크로소프트를 설립했다.

하버드대학교 시절

1873년 가을 게이츠는 장학생으로 하버드에 진학했다. 그는 SAT 1600점 만점에서 1590점을 땄다. 게이츠는 하버드에서 스티브 발머를 만났다. 그는 후에 게이츠의 뒤를 이어 마이크로소프트 CEO가 되었다. 게이츠는 학부와 대학원 강의 양쪽을 이수했다. 첫 학기에 그는 '수학 55'라는, 하버드에서 가장 어려운 수학 과목을 수강했다. 게이츠는 이 과목에서 우수한 성적을 받았지만, 그보다 나은 두 학생이 있었다. 게이츠와 같은 기숙사에 있는 앤디 브레이터먼이 그중 한 사람이었다. 그와 게이츠는 친구가 되어 함께 하숙을 했다. 게이츠는 경제학, 역사학, 문학, 심리학 등 학부 강의를 수강했다.

게이츠는 36시간 이상 자지 않고 공부하고, 10시간 자고, 다시 공부하는 불규칙한 생활을 했다. 그리스 문학 시험 때는 답안지 쓰다가 자는 일도 있었다. 그래도 성적은 B였다. 출석이 부진해도 시험만 보면 우수 학점을 땄다. 고등학교 때 연극반에 있었는데, 아무리 긴 대사도 한 번 훑어보면 암기했다. 침대서 자는 일이 드물었다. 어디서나 앉으면 자고, 누우면 잠들었다. 게이츠는 복장도 잠자리도 관심이 없었다. 그는 무슨 일을 하면 열광적으로 집중하는 버릇이 있었는데 이때의 관심은 오로지 컴퓨터였다. 그는 하버드 에이켄 컴퓨터센터에서 줄곧 밤을 새웠다. 자면서도 컴퓨터 꿈이었다. 하버드서 1년 지난 후, 게이츠와 앨런은 하니웰 회사에서 일하면서 컴퓨터 산업이 한계에 왔다는 것을 실감했다. 그들은 기술혁명의 시대가 온다는 예감을 했다. 이윽고, 둘은 의기투합해서 자신들의 컴퓨터회사를 만들자는 결의를 다졌다. 앨런은 하드웨어에 관심이 있었고, 게이츠는 소프트웨어에 집중하고 있었다.

게이츠는 포커에도 열중했다. 포커 룸에는 우수 학생들이 모였다. 이 당시 게이츠는 같은 복도에 있는 친구 스티브 발머와 자주 만나 정보 교환을 하고 격론을 벌였다. 수년 후, 게이츠는 발머를 마이크로소프트 관리 부문에 초빙했는데 결국에는 게이츠 회사 2인자가 되었다. 레이크사이드에서 게이츠는 수학이 1등이었지만, 하버드에서는 1등이 아니었다. 그는 수학자의 꿈을 포기했다. 컴퓨터 과학 분야에서는 단연 수석이었다. 게이츠는 밤에 포커 룸에 없으면 컴퓨터센터에 있었다. 밤에 컴퓨터실 책상 위에서 자는 일도 허다했다.

1974년 12월 어느 날 앨런은 하버드 광장 매점에 놓인 『포퓰러 일렉트로닉스』 1월호를 보고 가슴이 뛰었다. 표지에 MITS사가 만든 소형 컴퓨터 '알테어 8080' 사진이 실려 있었다. 기계심장부 마이크로프로세서로는 인텔의 8080을 쓰고 있었다. 당시 컴퓨터는 소프트웨어가 설정되지 않은 채 출하되었다. 게이츠와 앨런은 부족한 그 소프트웨어를 공급할 생각이었다. 앨런은 잡지를 읽고 난 후, 게이츠한테로 뛰어갔다. 폴은 게이츠에게 "포커는 일시 중단이다. 새로운 일이 생겼다"라고 고함을 질렀다. 게이츠와 앨런은 자신들의 BASIC언어를 사용해서 알테어용 프로그램을 사용할 생각이었다. 그들은 자신들이 개발한 알테어용 BASIC을 직접 MITS에 팔 것인가, 아니면 MITS를 통해 *그*들의 고객들에게 팔 것인가 궁리했다. 셰익스피어를 좋아했던 앨런은 「줄리어스 시저」 가운데 한 구절을 읊었다. 인생에는 물때가 있어서 썰물이 오면 올라타야지 놓치면 모든 것을 잃게 된다는 요지의 구절이었다. 게이츠는 폴의 진의를 깨달았다. 개인 컴퓨터의 기적이 일어난 순간이었다.

게이츠는 그의 저서 『미래로 가는 길(The Road Ahead)』(1995)에서 다음과 같이 말했다.

대학 2학년 때, 폴 앨런과 하버드 광장에서『포퓰러 일렉트로닉스』지에 실린 기사를 읽은 것이 모험의 시작이었다. 처음으로 프로그램을 쓴 것은 열세 살 때였다. 나와 폴은 교통차량수를 계측하는 'Traf-O-Data' 소프트웨어를 고안해서 수입을 챙겼다. 1975년 겨울, 기숙사에서 나와 폴은 고성능 BASIC을 메모리에 넣는 일을 밤낮을 가리지 않고 하고 있었다. 잠은 테이블 위가 아니면 마루에서 잤다. 먹지도 않고, 친구도 만나지 않고 일에 열중했다. 그렇게 5주간 지난 다음 BASIC을 완료해서 세계 최초의 마이크로컴퓨터 소프트회사가 탄생했다. 우리는 그 회사 이름을 '마이크로소프트(Michrosoft)'라고 명명했다. 1975년 봄 나는 하버드를 휴학할 결심을 했다. 이 문제에 대해서는 양친과 여러 번 상담했다. 양친은 나의 열의를 보고 찬성하기로 결정했다. 나는 회사를 궤도에 올려놓고 대학으로 돌아가서 졸업할 계획이었다. 폴과 나는 처음서부터 모든 자금을 자력으로 조달했다. 둘 다 어느 정도 저축이 있었다. 폴은 하니웰 회사에서 받는 급료가 있었고, 나는 기숙사 심야 포커로 번 돈이 있었다. 다행히 우리들 회사는 큰돈이 들지 않았다.

　사람들은 지금 나에게 마이크로소프트 성공의 비결을 가르쳐달라고 한다. 사원 두 사람의 영세기업으로 출발해서 직원 1만 7천 명, 연간 매출 60억 달러 이상의 회사를 어떻게 육성했는가, 그 비결은 무엇인가. 이 질문은 간단히 대답할 수 없는 문제이다. 나는 운도 좋았지만, 중요한 것은 우리들 최초의 비전이 그 비결이었다고 생각한다.

2
컴퓨터 개발의 역사와 게이츠의 접점

컴퓨터 개발의 역사는 1940년대, 2차 대전 중에 본격적으로 시작되었지만, 싹이 튼 것은 200년 전 천재들의 꿈과 의욕 때문이었다. 첫 발단은 1742년, 프랑스 수학자 불레즈 파스칼의 계산기 발명이었다. 19세기 천재 수학자이며 철학자인 찰스 바베지(1791~1871)는 이 기계를 개량해서 1823년 '프로그램'을 만드는 거대한 '해석기관'과 '계산기'를 발명했다. 수학 방정식을 풀고 싶었던 그는 방대한 기계가 필요했지만 당시 정부는 이 일을 지원하지 않았다. 재정 지원의 손을 뻗친 사람은 시인 바이런의 딸 오거스타 에이다 백작부인이었다. 미모의 백작부인은 유명한 수학자였다. 그녀는 해석기관 동작에 명령을 내리는 펀치카드 사용을 고안했다. 1890년 국세 조사에서 데이터 표

작성 작업에 이 펀치카드가 사용되었다. 이후, 펀치카드는 모든 사무기기에서 사용되었다.

1930년대, IBM은 대형 계산기를 개발하고자 하버드대학교 하워드 에이켄 교수에게 '마크-1' 개발을 위해 50만 달러의 연구비를 제공했다. 하버드대학교는 후에 그를 기념해서 에이켄 컴퓨터센터를 열게 되었고, 1944년 드디어 마크-1이 완성되었다. 이 기계를 개량해서 제작한 미국 최초의 전자식 디지털 컴퓨터가 '에니악(ENIAC: Electronic Numerical Integrator And Calculator)'이다. 1946년 발표되었던 이 기계는 중량 30톤, 1만 8천 개의 진공관, 7만 개의 저항기, 1만 개의 콘덴서로 이루어진 방대한 기계였다. 크기는 자동차 두 대 정도였는데, 1초에 약 5천 번의 가감산(加減算)이 가능했다. 진공관은 7분에 하나 꼴로 고장 났지만, 원자폭탄 제조의 수치 계산에 이 기계를 사용할 수 있었다.

1947년, 벨 연구소에서 트랜지스터 실험이 성공해서 노벨상을 수상했고, 진공관이 반도체로 대체되는 길이 열렸다. 반도체는 처음에 게르마늄의 결정으로 만들었지만, 나중에 실리콘 사용으로 일반화되었다. 1950년대 후반, 또 한 번의 비약적인 기술적 발전이 이루어졌다. 집적회로(IC) 기술이 확립된 것이다. 1971년, 마이크로프로세서 개발로 컴퓨터 중앙처리장치

(CPU) 전체를 손톱만 한 실리콘 칩 속에 코드로 기입하는 일이 가능해졌다. 이 때문에 컴퓨터는 더 작아지고, 빨라지고, 강력해졌다.

1975년에 이르러 비로소 컴퓨터는 일반 가정과 사무실 책상머리에서 개인적으로 사용될 수 있었다. 처음 개발된 PC인 알테어에 명령어를 쓴 두 젊은이가 빌 게이츠와 폴 앨런이다. 이들이 개발한 컴퓨터 언어는 BASIC(Beginners All-purpose Symbolic Instruction Code)이라는 이름의 언어였다. 폴이 목격한 '알테어 8800' 사진 한 장이 BASIC의 길을 열고, 마이크로소프트 혁명을 촉발하면서, 열아홉 살 게이츠를 광활하고 풍요로운 행운의 바다로 인도했다.

에드 로버츠의 MITS

컴퓨터의 발전은 DEC나 IBM 같은 대기업에 의해서 이뤄지기보다는 자신의 컴퓨터를 갖고 싶은 기업가와 '호비스트(hobbyist)'들의 갈망과 노력에 의존하고 있었다. 호비스트 가운데 한 사람이 에드 로버츠였다. 그는 전자기기에 미쳐 있었다. 전자기기 공부를 위해 공군에 입대하고, 알바커크의 공군기지에 배속되었다. 제대 후 그는 MITS 회사를 설립하고 전자기기 판매를 하면서 번영했다. 그러다 1970년대 초 사업이 쇠퇴하면서 25만 달러의 손실을 보았다. 무너지는 회사를 구출하기 위해 그는 컴퓨터 제조업에 진출했다. 1975년 1월호 『포퓰러 일렉트로닉스』지에 알테어 광고를 낸 시점이었다. 게이츠와 앨런은 개발자 에드 로버츠와 접촉했다. 로버츠의 알바커크 사무실에서 시연된 게이츠와 앨런의 BASIC '데모'가 성공하자, 알테어 BASIC은 MIST의 품목으로 등극해서 공급의 수순을 밟게 되었다. 폴 앨런은 이 회사의 소프트웨어 부장으로 부임했다. 게이츠는 1975년 겨울 하버드를 떠나 앨런과 함께 알바커크에서 일하기로 결심했다. 게이츠는 MITS의 스태프가 아니었기 때문에 급료를 받지 못하는 대신 독자적으로 일했다. 그는 알버커크에 사무실을 열고, 1976년 11월 26일 '마이크로소프트' 회사 설립을 뉴멕시코 주청에 등록했다. 주식 소유는 60대 40으로 게이츠가 앨런보다 많았다. 이 비율은 나중에 64대 36으로 변경되었다. 마이크로소프트가 1986년 주식을 공개했을 때, 게이츠는 주식 1,100만 주를 보유하고, 앨런은 600만 주를 확보했다.

MITS는 알테어를 광고하면서 2개월 내에 컴퓨터 키트를 발송한다고 약속했다. 그러나 고객들이 398달러를 지불하고 받은 컴퓨터 한 세트는 빈약한 물건이었다. 조립이 어려워 몇 시간이 걸렸다. 게이츠와 앨런이 하버드에서 연구하던 8080 BA-

SIC 언어는 최초의 알테어 컴퓨터에는 없었다. BASIC 운행을 위한 메모리 보드 설계도 당시에는 없었다. 메모리 용량은 256바이트에 불과했다. 게이츠는 앨런과 함께 부족한 부분의 소프트웨어를 공급하기로 마음먹었다. 고교 시절에 통달한 BASIC의 언어로써 알테어용 프로그램 작업을 서두르면서 그는 소프트웨어 시장의 무한한 성장과 놀라운 기업적 가능성을 점치게 되었다. 게이츠는 MITS 사장에게 작업 진행 과정을 알리면서 기다려줄 것을 요청했다.

로버츠는 트레일러를 타고 전국을 돌며 알테어 선전 판매를 했다. 그는 전국 규모의 컴퓨터 클럽을 조직하고, 『컴퓨터 노트』라는 회보를 발간했다. 게이츠와 앨런은 밤을 새우고 패스트푸드로 견디면서 BASIC 확장 작업을 계속해서 프로그램을 완성하고, 1975년 7월 22일 로버츠와 라이선스 계약을 체결했다. 이들은 MITS로부터 선금 3천 달러를 받으면서 알테어 한 대당 30달러에서 60달러의 사용료를 받기로 했다. 이 계약은 게이츠와 앨런에게 약 18만 달러의 특허권 사용료를 받도록 했는데, 그 액수는 만족스럽지 못했어도, 알테어에 끼워서 BASIC을 팔아야 하기 때문에 당분간 MITS와의 동고동락은 어쩔 수 없는 일이 되었다. 계약이 체결된 시점이 바로 마이크로소프트가 회사 이름을 걸고 본격적으로 사업에 시동을 건 순간이 된다.

마이크로소프트와 20명의 신동들

게이츠는 레이크사이드 시절 후배였던 크리스 라슨과 하버드 시절 동료 몬테 다비도프를 알바커크에 데려왔다. 다비도프는 BASIC의 수치 청산 관련 프로그램을 개발한 신동이었다. 1975년 후반에 게이츠는 'Disk BASIC' 프로그램을 완성했다. 게이츠와 앨런이 개발한 BASIC은 시간이 지나면서 전국적으로 보급되었고, 컴퓨터 업자들은 이들의 BASIC을 구하러 알바커크로 몰려들었다. 게이츠와 앨런은 바빠졌다. 몰려오는 주문을 둘이서 감당할 수 없었다. 게이츠는 컴퓨터 신동들을 불러들이면서 더 큰 목표를 향해 움직이기 시작했다. 게이츠의 부름에 달려온 신동들은 크리스 라슨, 리처드 웨일랜드, 마크 맥도널드, 스티브 우드, 앨버트 추 등이었다. 이들은 공항 근처 은행 건물 8층에 모였다가, 파크 센트럴 타워로 사무실을 이전하고, 그곳에서 '포트란(FORTRAN)' 개발에 박차를 가했다. 게이츠는 직원들을 역마차 몰듯이 무섭게 몰고 갔다. 게이츠는 열심히 일하고, 경영하고, 프로그램 쓰고, 직원들을 독려하며 진두지휘했다. 그래도 그의 보수는 직원 가운데 가장 낮았다. 게이츠와 앨런은 언제나 서로 고함을 지르면서 논쟁을 벌였다. 어느 날 일어난 일이었다. 불꽃 튀는 격론을 5시간이나 벌인 끝에 앨런은 기진맥진해서 3, 4일간 회사를 나오지 못했다. 마침내, 1983년 병을 얻은 앨런은 마이크로소프트를 사임했다. 완벽주의자 게이츠는 일에 관해서 용서가 없었다. 그는 화산 같은 카리스마였다. 그는 전 세계 정보의 중심에 있었다. 게이츠는 자신의 비전을 사원들이 이해하도록 노력했다. 사원들은 벌벌 떨면서 게이츠 마음에 들도록 열심히 일을 했다. 게이츠는 적극적인 판매 전략과 우수한 소프트웨어를 무기로 라이벌 회사를 계속 제치고 나갔다. 게이츠와 사원들과의 일체성은 회사가 성공한 이유가 된다. 마이크로소프트가 다른 회사와 구별되는 특징은 최고의 우수한 두뇌들이 모여 있다는 단순한 사실이다. 게이츠는 말했다. "우수한 사원 20명이 없으면, 마이크로소프트는 평범한 기업체가 되고 말았을 것이다." 그는 1998년 1월 27일 새너제이 주립대학교에서 스티브 잡스에 관해서 말했다. "영감을 안겨주는 지도자 가운데서 스티브 잡스는 내가 만난 사람 가운데 최고였습니다. 그는 사람들이 자신들의 능력 이상으로 일하도록 만들었습니다. 그는 최상급 마술사입니다. 저 자신이 2급 마술사이기 때문에 그 사람을 알아볼 수 있습니다. 스티브 잡스가 한 일은 사실 믿을 수 없을 만큼 굉장한 것이었습니다. 그는 자신의 팀이 환상적인 업적을 성취하도록 무섭게 밀어붙였습니다." 이 말은 게이츠 자신에게도 고스란히 해당되는 말이다.

3
마이크로소프트의 비상

MITS 매각, 게이츠의 약진

1976년 후반, 마이크로소프트는 최고의 단골 NCR사와 제너럴일렉트릭(GE)을 확보했다. 두 회사는 BASIC을 필요로 했다. 1977년 1월 앨런은 MITS를 사임하고, 두 달 후 게이츠는 하버드를 중퇴했다. 이후 게이츠는 마이크로소프트에 전력을 기울였다. 이후 5년간 그는 2, 3일 짧은 휴가를 두 번 얻었을 뿐이었다. 미국의 컴퓨터 산업은 급격하게 성장하고 있었다. 놀랍게도 애플이 발동을 걸고 있었다. 게이츠는 소프트웨어 시장의 급신장에 대처하고 있었는데, 로버츠는 계속 게이츠 하는 일에 방해를 놓고 있었다. 1976년 MITS는 1,300만 달러의 매상을 올리고 있었다. 그러나 알테어는 사라지는 운명의 별이었다. BASIC은 MITS의 중요 수입원이었다. 게이츠는 MITS와 연결되어 있는 것이 자신에게 큰 손해가 된다는 것을 차츰 알게 되었다. 게이츠는 로버츠의 MITS 매각 계획을 알게 되었다. 게이츠는 앨런과 힘을 합해 BASIC을 회수할 궁리를 했다. 게이츠는 변호사인 부친과 상담해서 방법을 알아내고 로버츠에게 BASIC 라이선스 종료 통지를 냈다. 이 때문에 로버츠와 재판이 진행되었다. 이때, 마이크로소프트는 운영 자금 문제에 직면했다.

1977년 5월 22일 로버츠는 MITS를 파테크에게 매각, 시가 수백만 달러 파테크 주식을 주머니에 넣고 사라졌다. 파테크는 게이츠와 협상하러 왔다. 변호사가 청년 게이츠를 얕본 것은 실수였다. 3주간에 걸친 중재 심리는 게이츠의 승리로 끝났다. 21세 장발족 게이츠는 피자 씹고 콜라 마시면서 컴퓨터 단말기 앞에 미친 듯이 항상 쭈그리고 있었지만, 사실상 그는 무서운 사업가 재질과 투지를 겸비하고 있었다. 이 싸움에서 그가 패배했으면 오늘날의 마이크로소프트는 없었다고 전해진다. 게이츠는 승소해서 더 이상 자금 걱정을 하지 않아도 되었다. 에드 로버츠는 몇 년간 파테크에 있다가 고향 조지아로 돌아가 농장을 구입하고, 대학에서 의학 공부를 한 다음 개업의가 되었다. 그는 게이츠를 억만장자로 만든 최초의 공로자로 기록되었다.

1977년 마이크로소프트에 입사한 미리엄 루보는 42세의 주부였다. 그녀는 게이츠의 일상생활을 챙기는 어머니 같은 비서였다. 그녀는 타자, 서류 정리, 부기, 비품 구입, 급여 계산, 일정 확인, 심지어 게이츠의 두발과 식사까지 손보는 중요한 역할을 하고 있었다. 게이츠는 점점 바빠졌다. 그녀의 내조는 불가피했다. 그녀는 회사가 1979년 1월 1일 워싱턴의 벨뷰로 이전할 때, 알바키크에 남았다. 남편 직장 때문이었다. 이 때문에 게이츠 비서직을 스티브 우드의 처 말라가 맡게 되었다. 대이동 전, 또 한 사람의 신동 고든 레트윈이 입사했다. 이사 전에 열한 명의 직원들이 개인 사진을 찍었다. 이 사진은 후에 전국 잡지에 실리는 특종이 되었다. 마이크로소프트는 신설 회사에 25만 달러 DEC-20을 설치했다. 이후, 게이츠는 자신이 태어난 고향 땅에서 한없이 솟구치는 비상의 세월을 만나게 된다.

마이크로소프트의 새로운 도약

1975년부터 2006년까지 게이츠는 업무의 범위를 확장했다. 마이크로소프트는 1979년 연간 매출 약 400만 달러를 기록했다. 중요 상품은 BASIC이었다. 게이츠의 비서로 일했던 말라 우드가 여성들의 시간외 임금 건으로 게이츠와 충돌해서 회사를 그만뒀다. 남편인 스티브 우드도 사표를 냈다. 이 사건은 게이츠가 고작 2, 300달러 때문에 발끈 화가 나서 일어난 일이어서 결국 게이츠가 양보하게 되었는데 후유증은 컸다. 마이크로소프트는 게이츠와 앨런 두 사람의 파트너가 운영하는 회사로서 타 직원들은 아무런 주식 지분이 없었다. 스티브 우드는 자신들의 헌신적 노력에 대한 금전적 대가가 없는 것에 대해서 실망했던 것이다. 우드의 사임으로 게이츠는 1980년 6월 사장 보좌역으로 하버드 출신 스티브 발머를 고용했다. 그는 게이츠의 분신이며 '최고의 마케팅 프로'였다. 발머는 게이츠의 IBM 보카러톤 회담을 보좌하면서 1980년 11월의 현안 문제 타결 합의 서명을 이끌어냈다.

게이츠는 IBM이 소유하고 있는 PC 내부에 침투해서 회사의 성장을 도모했다. 당시 IBM은 OS(운영체제) 기술을 갖춘 회사를 물색하고 있었는데, 운 좋게도 IBM은 마이크로소프트의 BASIC 언어에 관심이 있었다. IBM은 게이츠에게 OS 기술 보유 여부를 문의해 왔다. 사실상 게이츠 회사에는 OS가 없었지만 그는 그것이 어디에 있는지 알고 있었다. 시애틀 컴퓨터 프로덕츠가 '큐도스(QDOS)'라는 이름의 제품을 갖고 있었다. 게이츠는 발 빠르게 움직였다. 사용 목적을 그 회사에 숨기고 '도스(DOS)'를 7만 5천 달러로 구입했다. 그렇게 해서 게이츠는 IBM과 라이선스 계약을 맺게 되었다. '도스'는 IBM이 채택해서 널리 보급되어 컴퓨터 운영체제의 표준이 되었다. 그러나 표준화를 방해하는 강적이 있었다. 애플의 매킨토시 컴퓨터였다. 매킨토시는 쓰기 편한 'GUI(그래픽 사용자 인터페이스, Graphical User Interface)'를 채용하고 있었다. GUI를 사용하면 사용자는 마우스를 누르기만 하면 컴퓨터에 명령을 내릴 수 있다. 스티브 잡스의 작품이었다. 게이츠는 계속해서 마이크로소프트 애플리케이션 소프트웨어 분야 개발에 진출했다. 잡스의 작업을 게이츠가 밀어주는 양상이 된 것이다. 게이츠는 1982년 표 계산 소프트웨어 '멀티플랜'을 발표하고, 1984년 개정판을 내놓았다. 그러나 이것은 큰 성공을 거두지 못했다. '워드' 홍보를 위해 디스켓 10만 장을『PC 월드』잡지에 부록으로 첨가했지만 매출은 신통치 않았다.

윈도우 95의 성공

1983년 마이크로소프트는 혁신적인 운영체제 '윈도우(Windows)'를 발표했지만 제품은 완성을 보지 못하고 있었다. 1985년 11월이 되어서야 그 실체가 드러났다. 이 소프트웨어도 초기에는 반응이 냉담했다. 게다가 애플은 매킨토시 도작(盜作)

혐의로 마이크로소프트를 제소했다. 소송은 1990년대까지 질질 끌다가 "애플은 프로그램의 저작권을 주장할 수 있으나, 프로그램의 일반적인 공통점을 독점할 수 없다"는 판결이 났다. 애플은 표면적으로는 이겼지만 법적으로는 이길 수 없었다. 그리고 애플은 사업적으로도 이길 수 없었다. '윈도우'는 개정판이 나온 후 성능이 향상되어 대성공을 거두었다. IBM과의 제휴도 끝나고, '윈도우'의 압도적인 시장 제패로 게이츠의 독립적인 회사 운영이 열매를 맺어가고 있었다. 1998년 미국 정부 사법부와 20개 주 사법 당국은 반트러스트 소송을 제기했다. 게이츠는 당당하게 법률 위반을 부인했다. 성실하게 일하고, 법을 지켰다고 주장하면서 어려운 재판의 고비를 넘겼다.

화제의 중심이 된 게이츠는 1986년 마이크로소프트 신규 주식공개(IPO)로 대성공을 거두면서 미국의 부호 반열에 오르고, 명사의 대접을 받게 되었다. 게이츠는 경제 전문지 『포브스』와 시사 주간지 『타임』에서 격찬되고, 1987년 『포천』 표지 기사로 다뤄지는 약진을 거듭했다. 소프트웨어 표준을 설정한 후 현재까지 마이크로소프트는 여전히 컴퓨터업계의 선도적인 지위를 지키고 있다. 표준의 설정이 없으면 컴퓨터 문화는 발전할 수 없다. 마이크로소프트가 성공한 가장 큰 이유는 '윈도우'로 가장 우수한 운영체제의 표준을 설정했기 때문이다. 게이츠는 1984년에 행한 연설에서 말했다. "새로운 표준을 만들기 위해서는 조금씩 다른 것을 만들 것이 아니라 완전히 새로운 것을 창조해서 사람들의 상상력을 사로잡아야 합니다. 내가 지금까지 본 제품 가운데 매킨토시가 만든 것은 그 수준에 도달한 유일한 것입니다."

게이츠는 성공에 관한 빗발치는 질문을 받고 그 비결을 다음과 같이 말했다. "우리는 우수한 사람들을 모았지요. 그리고 파트너가 되었어요. 우리는 올바른 시기에 올바른 자리에 있었는데, 우리는 그 자리에 제일 먼저 갔습니다."

창조적 역량과 게이츠의 질주

발머는 마이크로소프트에 기업 경영을 통달한 전문가가 필요하다는 것을 통감했다. 회사는 급격한 성장과 업무 확장을 지속하고 있으니 경영적 측면의 문제에 직면하고 있었다. 격심한 시장 경쟁이 눈앞에서 전개되고 있었다. 이 파도를 넘고 가는 경영적 수완을 갖춘 인재가 필요했다. 발머는 게이츠를 설득해서 외부에서 전문 경영인을 모셔오기로 하고 스탠퍼드 비즈니스 스쿨 출신 제임스 다운을 초빙했다. 그는 게이츠와 발머가 중요시하는 총명한 두뇌와 풍성한 활력을 지닌 인물이었다. 그는 회사 매출을 2천만 달러에서 6천만 달러로 끌어올리는 목표를 세웠다. 1982년 말에는 3,400만 달러가 되고, 직원 수는 200명을 넘어섰다. 그러나 호황을 누리는 것은 이 회사만이 아니었다. 텍사스 주 휴스턴에 자리 잡은 컴팩 컴퓨터 코퍼레이션은 1983년 1월 IBM-PC 호환기를 판매하기 시작한 회사였다. 이 회사는 첫해에 매상 1억 달러를 기록했다.

1981년 11월 13일 게이츠와 발머는 마이크로소프트 사원 총회를 즐겁고 유쾌하게 개최하는 전통을 세웠다. 1991년에는 게이츠가 오토바이를 타고 총회장에 입장했다. 7천 명의 사원들은 그에게 열광적인 환호와 박수를 보냈다. 그해는 신참 프로그래머 찰스 시모니의 '매출 폭탄 연설'로 총회장은 달아올랐다. 마이크로소프트 상품 매출은 매년 두 배씩 늘어났다. 1981년 매출액은 1,600만 달러였다. 그러나 이것은 시작일 뿐이었다. 게이츠는 의기양양 말했다. "나에게는 두 가지 희망이 있다. 하나는 어머니도 사용할 수 있는 컴퓨터 개발이요, 아버지 법률회사보다 더 큰 회사를 설립하는 일이다. 그리고 중요한 것은 우리들이 표준을 만드는 일이다." 마이크로소프트는 주식회사로 조직이 개편되어 사원들도 주식을 소유할 수 있게 되었다. 사원들은 한 주를 1달러로 살 수 있는 자사주 구입 때문에 저임금의 보상이 충족되었다. 훗날 회사 주를 소유한 이들은 그 주식으로 모두 갑부가 되었다.

폴 앨런이 1982년 말 중병에 걸렸다. 8년 동안 휴가도 없이 주 80시간의 격무에 시달리던 그는 암과의 투병을 위해서 1983년 초 마이크로소프트 부사장 직을 물러났다. 마이크로소프트 최초의 경영 부문 사장 제임스 다운이 11개월 근무 끝에 돌연 사표를 냈다. 게이츠와의 갈등설이 유포된 직후였다. 게이츠는 마이크로소프트를 전문 기술 측면에서 끌고 갈 것인가, 아니면 회사 경영 측면에서 끌고 갈 것인가 고민하게 되었다. 제임스 다운은 게이츠와 발머 외곽에 있었다. 말하자면 의사 결정 성역에 참여하지 못했다. 문제는 일하는 시간이 달랐다는 것이다. 게이츠는 새벽 2시에 사무실에 있었고, 그 시간에 제임스 다운은 아내와 두 아들과 함께 가정에 있었다. 다운이 주관하는 아침 회의 시간은 게이츠가 자는 시간이었다. 그 중간 역할을 발머가 담당하지만 거리는 좁혀지지 못했다. 다운이 출근하면 사무실에 게이츠의 속옷이 여기저기 널려 있었다. 다운은 그 옷을 주워서 게이츠의 가방 속에 넣었다. 그런 일은 사장이 할 일이 아니라고 그는 불평했다. 그러자 게이츠는 그에게 새 직장을 구해서 나가라고 말했다. 그는 그 다음 주에 나가버렸다. 사실 게이츠에게는 함께 일하는 형님 같은 따뜻한 사장이 필요했다. 1983년 8월 게이츠는 친구인 컴퓨터 광고 분야 부사장 존 셜리를 영입했다. 셜리는 취임하자마자 조직과 경영을 개선하는 일에 착수했다. 마이크로소프트 제조 원가를 20퍼센트 삭감하고, 판매수와 생산수의 균형을 맞춰나갔다.

　11월 10일 뉴욕 헴슬리 팔래스 호텔에서 윈도우 시작품 발표회가 열렸다. 한편 발머는 새로운 인재 발굴을 위해 대학을 두루 돌면서 면접시험을 보았다. 그는 "시험 문제 정답보다는 '생각을 하는' 인재를 만나는 것이 더 중요하다"고 말했다. 30분 동안 질문에 답하는 것을 보고 그는 인재를 발굴했다. 학생 프리드먼은 마이크로소프트의 자유로운 분위기, 복장의 제약이 없는 개방성이 좋아서 응시했다. 프리드먼은 채용이 되었다. 첫날 출근해보니 회사 분위기는 화목하고 창조적 자유가 보장되어 있었다. 작업에 아무런 간섭이 없는 지적 자유가 그는 마음에 들었다. 1983년 말, 사원 450명 가운데 100명이 프로그래머인데, 잘들 놀고 열심히 일했다. 이들은 모두 게이츠와 발머가 선발한 인재들이었다. 게이츠는 이들의 얼굴, 이름, 전화번호, 차량 번호까지 전부 기억하고 있었다. 프로그래머들은 게이츠처럼 일하도록 가르침을 받았다. 주당 60시간에서 80시간의 과중한 일이었다. 잔업과 토요일, 일요일, 휴일 출근에 과외 수당이 지급되었다. 모두들 자기 자신이 회사를 운영한다는 사명감에 불탔다.

4

영광의 나날들

마이크로소프트의 급성장과 게이츠의 연인들

1984년 4월 16일자 『타임』지 표지에 빌 게이츠를 특집으로 다루면서 1978년 열다섯 명으로 시작한 회사가 510명 규모로 발전하면서 1억 달러 매출을 올리고 있다는 내용이 실렸다. 소프트웨어 신동 게이츠는 현재 연애 중이라는 소식도 전하고 있었다. 상대는 27세 컴퓨터 외판원 질 베넷이었다. 게이츠는 1983년 이 여인과 교제를 시작했다. 그녀는 게이츠를 "알버트 아인슈타인, 우디 앨런, 그리고 록 가수 존 쿠우 세 사람을 합친 성격의 인물"이라고 표현했다. 질은 게이츠와 사귀는 일이 즐겁지 않았다고 말했다. 그는 "일에 미쳐 있었고, 언제나 피곤한 모습이어서 여자 친구는 그의 마음에 없었다"고 말했다. "빌은 과격하고, 경쟁심이 강하고, 감수성이 예민한 사람인데, 항상 외롭고 쓸쓸했다"고 말했다. 이들의 연애는 1984년에 끝났다.

1985년 10월에 시작한 주식공개에서 게이츠는 마이크로소프트 주 1,122만 2천 주(49%)를 소유하고, 그중 8만 주를 매각할 예정이었다. 앨런은 639만 주(28%)를 소유하고, 그중 20만 주를 매각할 예정이었다. 스티브 발머는 171만 주를 소유했다. 존 셜리는 40만 주, 찰스 시모니는 30만 5,667주, 고든 레트윈은 29만 3,850주를 각각 소유하게 되었다. 게이츠 양친은 두 사람 이름으로 11만 4천 주를 소유했다. 테크놀로지 벤처스 인베스터즈는 137만 8,901주를 보유했다. 1985년 셜리의 급여는 22만 8천 달러, 게이츠는 13만 3천 달러, 발머는 8만 8천 달러였다. 1985년 6월 30일까지 과거 1년간 마이크로소프트의 매출은 1억 4천만 달러였다. 이익금은 312만 달러, 수익의 19%였다. 주가는 1주에 21달러였다. 주식공개로 부자가 된 사원들이 들떠 있을 때, 게이츠는 범선 한 척을 5일간 빌려서 오스트레일리아 해역 산호초를 감상하면서 독서삼매(讀書三昧)에 빠져 있었다. 게이츠의 이른바 독서 휴가였다.

'마이크로소프트 윈도우즈'가 8월에 출시되고 1985년 11월 20일 회사는 IBM과 OS-2 운영체제 개발 협정을 맺었다. 마이크로소프트는 BASIC, FORTRAN, COBOL, PASCAL을 IBM의 새로운 마이크로컴퓨터용으로 제공하는 안과 DOS 개발안도 제시했다. 두 회사는 성공적으로 이 제안에 대해서 원만한 타결을 보았다. 이 회담에서도 발머는 수완을 발휘했다.

1986년 마이크로소프트의 사원수는 1,200명으로 늘어났다. 마이크로소프트는 공업단지 29에이커를 구입해서 빌딩 네 채를 지었다. 전 사원이 방 하나씩 가질 수 있게 되었다. 음료수는 무료였다. 스포츠클럽 무료 회원권이 지급되었다. 운동장 시설도 있었다. 네 개 건물 한가운데 호수를 만들어 '레이크 빌'이라고 명명했다. 주식공개는 사원들의 집중력을 한동안 방해했다. 게이츠는 사원들에게 주식으로 쏟아지는 돈에 정신을 잃지 말도록 당부했다. 게이츠 자신은 새로 마련된 재산을 자신을 위해 사용하지 않았다. 그와 폴 앨런은 1986년 8월 모교인 레이크사이드 스쿨에 '앨런게이츠홀'이라는 이름이 붙은 수학·과학관 건립 기금으로 220만 달러를 기부했다.

게이츠는 1984년부터 앤 윈블래드와 교제를 시작했다. 윈블래드는 미니애폴리스에서 500달러로 소프트웨어 회사를 설립해서 1,500만 달러를 받고 매각한 투자가였다. 그녀는 게이츠보다 여섯 살 연상이었다. 둘은 멕시코 여행을 다녀오고 노스캐롤라이나 해변에 있는 윈블래드 비치하우스에서 휴가를 보내기도 했다. 두 사람은 테마를 정하고 함께 휴가를 즐겼다. 어떤 경우에는 물리학이 테마였다. 두 사람은 물리학 책을 잔뜩 읽고 함께 토론했다. 슈퍼컴퓨터처럼 문제를 처리하는 인간이라는 뜻으로 윈블래드는 게이츠를 '대량 병렬처리' 인간이라고 불렀다. 윈블래드는 게이츠의 능란한 화술과 연기에 매력을 느꼈다. 윈블래드는 결혼을 원했지만 게이츠는 그렇지 않았다. 그 여인을 위해 보낼 시간이 게이츠에게는 없었다. 두 사람은 3년 후 헤어졌다.

억만장자 빌 게이츠

1990년 5월 22일 빌 게이츠 영광의 날이 왔다. 케이블을 통해 미국 내 6개 도시와 세계 7개 도시에 생방송되는 '윈도우즈 3.0' 발표회였다. 게이츠는 역사적인 뉴욕 발표회에 300만 달러를 썼다. 이 작품은 일찍이 볼 수 없었던 최고의 히트 상품이 되었다. 마이크로소프트 주가는 최고로 치솟고, 게이츠는『포브스』가 선정한 미국 부호 400명 중 최고 자리에 접근하게 되었다. 폴 앨런의 자산은 12억 달러라고 보도되었다. 농구광이었던 앨런은 1998년 포틀랜드 농구단을 7천만 달러로 매입하고, 선수용 전용기까지 구입했다. 앨런은 비행기에 하이테크 기기를 설치했다. 후에, 그는 자가용 제트기를 구입해서 시애틀에서 포틀랜드까지 비행기 타고 농구시합을 보러 다녔다. 게이츠도 가끔 함께 갔다. 뉴욕 발표 4개월 전, 150달러짜리 윈도우즈가 100만 개 팔렸다. 대성공이었다. 하드웨어가 아니라 소프트웨어가 업계를 뒤흔들고 있었다. 마이크로소프트는 IBM의 지원이 필요 없게 되어 차츰 거리를 두기 시작했다. 주객이 전도되어 IBM이 마이크로소프트에 의존하기 시작했다. 10년 전 게이츠는 IBM 컴퓨터용으로 마이크로소프트 운영체제를 써달라고 부탁하기 위해 넥타이 매고 양복을 갈아입고 부산 떨면서 보카 러톤 회담장으로 갔다. 게이츠는 IBM에 붙으려고 별일을 다 했다. 그것이 지금은 역전되고 있는 것이다. 1991년에는 애플리케이션 시장 약 1/4을 마이크로소프트가 독점하게 되었다. 1991년 말 IBM은 28억 달러의 손실을 입은 한편, 마이크로소프트는 전년도에 비해 이익이 55% 상승했고 수익은 48% 상승했다. 마이크로소프트는 매주 70명 정도씩 직원을 늘렸다. 연말에는 직원 수가 1만 명이 되었다. 마이크로소프트는 시가에서 보잉사를 제치고 미국 북서부 지방 최대의 회사로 급성장했다. 회사 추정 시가 219억 달러가 된 마이크로소프트는 제너럴일렉트릭(GE)을 시가에서 추월했다. 1986년 주식공개 때 1천 달러 투자한 사람은 1992년 3만 달러의 이익을 얻게 되었다. 마이크로소프트 간부들, 직원들, 경영진들 모두 부자가 되었다. 게이츠, 앨런, 발머는 억만장자가 되었다. 16인의 간부 사원이 백만장자가 되었다. 전 사장 존 셜리는 1억 1,200만 달러의 재산을 축적했다. 1992년까지 백만장자 꿈을 달성한 마이크로소프트 사원은 2천 명을 넘어섰다. 공항에서 억만장자가 된 빌 게이츠를 오랜만에 만난 친구는 게이츠의 허름한 옷매무새가 옛날과 변함이 없고, 만났더니 "야, 우리 핫도그 먹으러 갈래?"라고 하더라고 말했다.

　게이츠는 억만장자가 되었어도 한동안 자숙하면서 비행기는 이코노미 클래스를 탔다. 1997년에 이르러서야 그는 자가용 제트기를 구입했다. 게이츠는 돈 쓰는 일에 신중했다. 그는 화려한 생활을 경멸하지만, 그렇다고 해서 금욕적인 수도승 생활을 하는 것은 아니다. 그는 고급 샴페인을 즐기고, 냉장고에는 언제나 여섯 병 이상의 돔 페리뇽 명주(銘酒)가 저장되어 있다. 게이츠는 자동차를 좋아해서 일할 때는 렉서스를 타고, 취미로는 10만 달러의 페라리 348을 소유하고 있다. 1988년 폴 앨런과 함께 시속 350킬로미터 달리는 포르쉐 959를 구입했다. 당시 미국에 29대밖에 없는 자동차였다. 한 대에 32만 달러지만, 시가는 백만 달러를 호가한다. 한 번 충돌하면 네 대의 자동차가 부서진다. 미국 교통부는 이 차를 해외에 내보낼 것을 권하고 있었다. 그는 일에 지치면 자동차를 몰고 벌판을 달린다. 너무나 빨리 달리고 싶은 본성 때문에 속도 위반으로 유치장에 갇힌 적도 있다.

　게이츠는 개인 수집으로 레오나르도 다빈치의 문집인『레스터 수기(Codex Leicester)』를 1994년 뉴욕 소더비 경매에서 380만 달러로 낙찰받아 세상을 깜짝 놀라게 만들었다. 이 수기는 다빈치가 1478년경서부터 그가 사망한 1519년까지 써내려간 방대한 양의 메모의 일부로 18매 종이 앞뒤에 문자와 스케치가 기록되어 있다. 다빈치는 생전에 이 수기를 제자 프란체스코 멜치에게 맡겨놓았다. 그는 스승의 유언에 따라 스페인 국왕에게 전부 매도하고 싶었는데, 국왕은 일부만 매입했다. 현재 마드리드 국립도서관에 소장되어 있는『마드리드 수기』가 그것이다. 프란체스코가 1570년 86세에 사망하자, 나머지 수기는 흩어져서 현재 일부 수기가 파리 학사원 도서관과 영국 대영박물관에 소장되어 있다. 그 가운데서 유일하게 개인이 소장하다가 전매(轉賣)되어온 수기가『레스터 수기』이다. 1717년 영국의 레스터 백작이 구입해서 소유했던 것을 미국의 석유 제왕 아먼드 해머가 1880년 560만 달러로 구입했었다. 그 수기가 빌 게이츠 수중에 들어온 것이다. 게이츠는 다빈치의 천재성을 닮았다. 다빈치는 그가 경모하는 스승이다.

게이츠는 열성적인 독서가이다. 7년간 9,700만 달러를 투입해서 지은 웅장한 저택으로 1997년 이사했는데, 저택 내 도서관에 이 수기가 전시되어 있다. 1년에 한 번 이 수기는 세계 여러 나라로 나들이 가서 전시된다. 게이츠 도서관 천장에는 그가 애독한 스콧 피츠제럴드의 소설『위대한 개츠비』의 명언을 새겨 놓았다. 게이츠는 자신이 일확천금을 거머쥔 소설의 주인공을 닮았다고 생각했을 것이다. 그는 취미로 브리지, 테니스, 골프를 한다. 빌 게이츠는 2014년 8월 처자 넷을 데리고 여름 휴가를 떠났다. 행선지는 이탈리아 휴양지 사르데냐 섬이었다. 가족들은 그 섬에 정박 중인 크루저 '서린(Serene)'에 숙박했다. 길이가 137미터인 이 배는 건조에 1억 3천만 달러가 소요된 호화 유람선이었다. 섬에서 그는 산호초를 감상하고, 친구들과 환담하고, 테니스를 하며, 독서를 즐겼다.

새로운 도전과 신부 멀린다

인터넷 탐색이 가능한 '윈도우즈 95'가 1995년 1월 출시되었다. 게이츠의 첫 번째 저서『미래로 가는 길』(1995)이 출판되어『뉴욕타임스』베스트셀러 리스트에 두 달 동안 올라 있었다. 그의 재산이 129억 달러로 증식되었다.

1998년 스티브 발머가 마이크로소프트 회장에 취임했다. 2000년 1월 31일 마이크로소프트에 인사 변동이 일어났다. 1980년에 순위 30번으로 입사한 스티브 발머가 판매 분야 책임자에서 CEO로 승진했다. 빌 게이츠는 회장 겸 제품 개발 책임자(Chief Software Architect)로 머물게 되었다. 그는 중요 의사 결정에는 참여하지만, 회사 통상 업무 책임은 스티브 발머가 맡으면서 정부와 기업, 그리고 고객에 대한 회사 업무와 진행 방향을 결정하게 되었다. 게이츠와 발머는 성격과 하는 일이 정반대였다. 게이츠는 내성적인 성품에 소프트웨어 개발의 천재였고, 발머는 외교력이 뛰어난 세일즈맨이었다. 마이크로소프트는 매니저와 프로그래머의 상생 관계가 절묘하게 이번 인사에 반영되었다. 그해에 '윈도우즈 98'이 출시되었다. 그 당시 마이크로소프트는 정부로부터 '독점금지법 위반' 소송을 당해 1년여 심의를 받다가 2000년 4월 잭슨 재판관으로부터 사실 인정 판결을 받고 위법 행위가 확정되었다. 이로 인해 법적인 처벌은 받지 않았지만 마이크로소프트는 큰 타격을 입었다. 발머 취임 4개월 후의 일이다. 회사 내에 반성의 어두운 그림자가 드리워지고 "마이크로소프트에서 일하는 것은 사회 윤리에 어긋나는 일"이라는 묘한 기류가 감돌면서 직원들의 동요도 있었다. 새로운 기능을 발견하고 검토할 때마다 "독점금지법 위반인가?"라는 불안감이 오랫동안 계속되었다. 그럼에도 마이크로소프트는 검색, 디지털 음악, 휴대전화 등 미개척 분야로 향해 도전을 계속했다. 소프트웨어 시장은 변동이 없었다. 주가는 급상승했다. 1999년 12월 최종 영업일의 시가 총액은 회사 역사상 최고치인 6,125억 달러를 기록했다. 게이츠는 발머에게 회사 일을 맡기고 자신은 소프트웨어와 자선 활동에 더욱더 심혈을 기울였다. 2000년은 게이츠가 아내 멀린다와 함께 새로운 재단을 설립해서 자선 활동에 획기적인 전기를 마련한 해가 된다.

게이츠의 자산은 대부분 주식으로 남아 있다. 게이츠 말대로 '종이 재산'이다. 게이츠는 대량의 주를 매각하고 현금화했다. 집을 짓고, 대학 캠퍼스처럼 마이크로소프트 오피스 빌딩을 100개 이상 75만 평방미터 대지에 건설하고, 문화예술품과 학술 자료 등의 수집을 위해서 막대한 자산을 사용했다. 수십억 달러에 달하는 자선 활동은 존경스러웠다. 빌 게이츠는 2013년 재산 785억 달러로 세계 부호 1위에 올랐다. 게이츠는 재단 자금 확보를 위해 마이크로소프트 이외에도 여러 군데 투자를 하고 있었다. 이 때문에 2006년 616,667달러의 본봉에 35만 달러의 보너스를 받아 봉급 총액이 966,667달러가 되었다. 그는 1989년 디지털 회사 '코비스'를 설립했다. 2004년 워런 버핏이 회장으로 있는 투자 회사 '버크셔 해서웨이'의 임원이 되었다.

2006년, 워런 버핏은 게이츠 재단에 자신의 재산 310억 달러를 기부했다. 그해 게이츠는 '제임스 C. 모건 글로벌 인도주의 상'을 수상했다. 그의 행적에서 한 가지 특기할 일은 1990년부터 고등학교와 대학을 순방하면서 행한 '인생에 필요한 열한 가지 원칙'에 관한 강연이었다. 그 내용이 학생들에게 유익한 지침이 된다는 소문이 알려지면서 '열한 가지 원칙' 선풍이 전 세계를 휩쓸었다.

　　게이츠는 1994년 1월 1일 멀린다 프렌치와 하와이의 라나이 섬에서 결혼했다. 이해에 게이츠는 자신의 재단을 발족하면서 자선사업 원점으로 삼았다. 6월에 모친 메리가 유방암으로 사망해 게이츠는 한동안 시름에 잠겼다. 어머니는 그에게 너무나 큰 은혜요 힘이었다. 게이츠 부부는 세 자녀를 두었다. 딸 제니퍼 캐서린(1996년생), 딸 피비 아델(2002년생), 아들 로리 존(1999년생). 게이츠 가족은 워싱턴 호수를 바라보는 메디나 언덕 위에서 살고 있다.

　　2014년 『롤링스톤』지 인터뷰에서 게이츠는 그의 인생관을 담담하게 밝혔다.

　　종교의 도덕적 시스템이 가장 중요하다고 생각합니다. 우리는 자식들을 종교적인 방식으로 키웁니다. 애들은 나와 멀린다가 예배하는 가톨릭 성당에 갑니다. 나는 행운아였습니다. 그래서 나는 이 세상의 불공정을 감소시키는 일을 하면서 내가 받은 행운의 은혜를 갚으려 합니다. 이것이 나의 종교적 신념입니다. 그것은 또한 나의 도덕적 신념이기도 합니다. 나는 리처드 도킨스(Richard Dawkins)가 언급한 창조 신화에 동감합니다. 지금 종교가 차지했던 분야를 다는 아닙니다만 상당한 부분을 과학이 충족시키고 있습니다. 그러나 이 세상의 아름다움, 신비스러움은 너무나 놀랍습니다. 그 일이 어떻게 이루어졌는지에 관한 과학적인 해명은 아직도 없습니다.

5
빌 & 멀린다 게이츠 재단

게이츠는 앤드루 카네기와 존 록펠러의 전기를 읽고 나서, 1994년 '윌리엄 H. 게이츠 재단'을 창설하기 위해 그의 마이크로소프트 주식을 내놓았고, 2000년 아내와 함께 '빌 & 멀린다 게이츠 재단'을 창설했다. 재단 설립의 목적은 건강 관리 향상, 인류의 빈곤 퇴치, 미국의 교육 기회 및 정보기술 접근 증진이다. 재단은 워싱턴 주 시애틀에 자리를 잡고, 이사는 빌 게이츠, 멀린다 게이츠, 워런 버핏이다. 다른 중요 임원은 공동회장 윌리엄 H. 게이츠 시니어와 사무총장 수잔 데스몬드-헬먼이다.

2013년 5월 16일 현재 빌 게이츠는 280억 달러를 재단에 내놓았다. 2014년 11월 24일 현재 423억 달러를 확보한 이 재단은 세계에서 가장 부유한 자선 재단으로 평가되고 있다. 이 재단은 기부자에게 재단의 돈이 어떻게 사용되고 있는지 항시 자료를 제공한다. 게이츠는 자선의 관용성과 확산 방침에 관해서 록펠러의 영향을 많이 받았다. 게이츠와 그의 부친은 여러 차례 록펠러와 면담을 가졌다. 그래서 이들의 자선 행위는 다분히 록펠러 가족의 자선에 초점을 맞추고 있다. 그 결과, 게이츠는 정부와 타 자선 단체가 포기하는 글로벌 문제를 과제로 삼고 있다. 2007년 현재 이 재단은 280억 달러 기부로 미국에서 두 번째 많은 기부를 하는 단체로 기록되고 있다. 게이츠 부부는 재산 95퍼센트를 자선에 기부한다는 계획을 세우고 있다.

게이츠의 부인 멀린다는 집을 매도해서 반을 기부한 살웬 가족의 '반의 힘' 자선 행위를 배워야 한다고 말하고 있다. 게이츠 가족은 살웬 가족을 시애틀에 초대해서 그 가족이 한 영광스런 일을 치하했다. 2010년 12월 9일에는 게이츠, 버핏, 저커버그 셋이 모여서 자선 활동에 관한 일을 상의하면서 더욱더 큰 기부 약속을 함께 했다.

게이츠 재단은 4개 분야 프로그램으로 조직되어 있다.

(1) 글로벌 발전 분과

크리스토퍼 엘리아가 이 분과를 이끌고 있다. 그는 세계

각지에서 벌어지고 있는 최악의 빈곤 상황을 해결하기 위해 최선을 다하고 있다. 2006년 3월 게이츠 재단은 국제정의실현단(IJM)에게 500만 달러를 지원했다. 워싱턴 DC에 자리 잡고 있는 이 단체는 미국 내 성매매 문제를 다루는 단체이다. 성매매와 성노예 문제를 해결하는 방안을 집중적으로 연구하고 실천에 옮기고 있다. 성매매 지역에 사무실을 설치하고 현장에서 발생하는 문제를 직접 해결하고 있다. 지난 3년 동안 이 사무실에서는 성매매 현장 위장 침투를 통해 조사, 법 집행 업무 훈련, 희생자 구제, 후속 보호 업무 등의 활동을 해왔다.

IJM은 지원금으로 '프로젝트 랜턴'을 운영해서 필리핀 세부 시에 사무실을 개설했다. 2010년 '프로젝트 랜턴' 보고서가 발간되었다. 동 위원회가 실시한 법 집행 요원 교육으로 가능해진 법 집행 활동 보고서이다. 성매매 희생자들의 은신처 설치, 상담, 직업교육 등의 활동을 통한 구호 활동도 겸하고 있다. 세부에서의 활동 모델을 타 지방에 적용하는 일도 실시하고 있다.

① 극빈자 재정 지원 사업

- 재정지원연합체(AFI)에 대한 3,500만 달러 지원. 개발도상 국가의 빈곤 퇴치 연합체에 대한 지원. 저금통장 확보, 보험 등 하루 2달러 이하 수입 극빈자 재정 지원 활동.

- 재정접근연구위원회(FAI)에 500만 달러를 지원해서 빈곤 지역 국가의 재정 접근 문제에 대한 해결 방안 연구 실시
- '프로 무에르'에 5년간 310만 달러 지원. 남미 지역 빈곤 국가 여성 기업인에 대한 재정 지원과 건강 관리 기회 증진에 관한 연구비 지원
- 그라민 재단 지원. 그라민 지역 500만 주민 가족 50%가 5년 이내에 빈곤에서 해방되도록 프로젝트를 주관하는 재단에 대한 지원

② 농업 발전 지원

- 국제쌀연구협회 지원. 2007년 11월부터 2010년 10월까지 세계 쌀 증산 지원을 위해 1,990만 달러 지원. 게이츠 재단은 앞으로 20년간 세계 쌀 생산량을 70% 증산한다고 언명했다.
- 아프리카 녹색혁명연합(AGRA) 지원. 게이츠 재단은 록펠러 재단과 제휴해서 아프리카 농업기술과 소농장 생산 진흥을 지원했다. 록펠러 재단은 1940년대와 1960년대에 걸쳐서 아프리카 녹색혁명을 지원했다. 게이츠 재단은 1억 달러를 AGRA에 지원하고, 록펠러 재단은 5천만 달러를 지원했다.

③ 물과 위생, 건강 관리

- 게이츠 재단은 2011년부터 글로벌 발전 계획의 일환으로 개발도상국가(특히 아프리카 사하라 지방과 동남아시아)의 물, 위생, 건강 관리 문제 해결을 위해서 재정 지원을 계속했다. 2011년 중반에 게이츠 재단은 2006년부터 5년 동안 2억 6,500만 달러를 지원했다고 공표했다.

④ 위생 기술 개량

- 화장실 개량 사업 'Grand Challenge Exploration' 프로그램에 10만 달러, 40만 달러, 100~300만 달러가 순차적으로 지원되었다. 세계 각국에서 실행된 약 200개의 위생 프로젝트가 기술 측면, 시장 측면, 정책 측면에 중점을 두고 2008년부터 게이츠 재단의 재정 지원을 받았다. 남아프리카공화국 더반의 콰줄루나탈대학교에 대해서 남아프리카 게이츠 재단은 위생 관련 연구를 위해 2014년 110만 달러의 연구비를 지원했다.

⑤ 기타 글로벌 특별 사업

- 2004년 인도양 지진 피해자에 대해서 게이츠 재단은 300만 달러를 지급했다. 수혜 단체는 케어 인터내셔널, 국제

구조위원회, 머시코, 세이브더칠드런, 월드비전 등이었다.

- 2005년 카슈미르 지진 구조 사업을 위해 50만 달러를 지급했다.
- 2014년 서아프리카에서 발생한 에볼라 전염병 방역을 위해 유엔 기구와 기타 해당 기관에 500만 달러의 '융통성 있는' 지원금을 보냈다.

⑵ 글로벌 건강 분과

- 2011년 글로벌 건강 프로그램 책임자는 트레버 먼델이었다. 워싱턴대학교 글로벌건강학과는 새로운 글로벌건강학과를 신설하는 지원금으로 3천만 달러를 지급받았다. 이 학과는 글로벌 건강 교육, 태평양 서북 지역민 건강, 글로벌 건강 연구와 교육에 목적을 두고 있다.
- 에이즈, 폐병, 말라리아 퇴치 기금으로 게이츠 재단은 글로벌 건강 분과에 66억 달러를 지원했다. 이 지원금은 세계 최고액 빈민 전염병 퇴치 기부금이었다. 게이츠 재단이 지원한 백신 지급 운동으로 2000년 이래 아프리카의 홍역 사망 확률이 90% 낮아졌다. 게이츠 재단은 7천만 달러를 아프리카 지역에 지원하면서 국민의 건강과 농업 증진에

기여하고 있는데, 동 재단은 아프리카 정부 당국에 대해서 전쟁에 몰입하지 말고 국민의 건강을 위해 공중위생에 더 많은 예산을 투입해줄 것을 요청했다.

- 적도 지역 전염병(NIDS) 퇴치를 위해 게이츠 재단은 타 원조 기관과 협력해서 3억 6,300만 달러를 지원했다.
- 2005년 세계면역백신연합에 게이츠 재단이 7억 5천만 달러를 지급했다. 이 밖에도 아동 백신 프로그램, HIV 연구, 에어러스글로벌TB백신재단, 폐병 검진 하이테크 저가 프로그램 지원, 헤브루대학교 적도 전염병 연구 등에 대해서도 지원을 계속했다.

⑶ 미국 지원 분과

미국 분과는 앨런 골스턴이 책임자로 있다.

- 미국 산아제한 단체 '출산 계획'에 7,100만 달러를 지원했다.
- 공공 도서관의 디지털 시대 개막을 위해 기술 지원, 컴퓨터 시설, 소프트웨어 등 공급을 위한 지원을 했다. 또한 카트리나와 리타 허리케인으로 피해를 입은 도서관 복구 비용으로 1,220만 달러를 지원했다.

- 미국 교육을 돕는 관련 분야는 저널리즘, 싱크탱크, 로비 단체와 정부기관이다. 교육을 홍보하는 방송, 언론기관은 물론이고, 교육을 취재하는 언론인 교육을 목적으로 하는 '교육 작가 협회'에 1,400만 달러를 지원했다. 지원금을 받은 언론인의 편파적인 보도를 방지하고, 언론의 독립성을 유지하기 위해 지원금 수혜자의 이름을 공개했다.

- 소규모 학교 지원을 위해 2억 5천만 달러를 기부했다.

- 코넬대학교는 새로운 정보통신과학 건물 신축을 위해 게이츠 재단으로부터 2,500만 달러를 기부받았다. 이 건물은 '빌 앤드 멀린다 게이츠 홀'로 명명되었다. 전체 공비는 6천만 달러였다. 2014년 1월 개관했다.

- 카네기멜론대학교는 카네기멜론 컴퓨터과학대학 건물 신축을 위해 게이츠 재단으로부터 2천만 달러의 기부를 받았다. 이 건물은 '게이츠 컴퓨터센터'로 명명되어 2009년 9월 22일 개관했다.

- MIT공대의 '게이츠 타워'도 게이츠 재단의 지원을 기념해서 명명되었다. 게이츠 재단은 2007년 3월 22일 워싱턴 DC 지역 빈곤 학생 대학 진학 장학금으로 1억 2,200만 달러를 기부했다.

- 2000년 10월 '게이츠 케임브리지 장학금'이 발표되었다.

재단은 매년 영국 외 거주 학생 100명을 선발해서 케임브리지대학교로 유학을 보냈다.

- '게이츠 밀레니엄 스칼라'는 미국 내 소수민족 우수 학생 장학금인데, 장학금 전액을 재단이 지원했다.

- 저개발 빈곤 지대 학생들의 대학 진학과 취업을 지원하는 '뉴스쿨벤처펀드'에 3천만 달러를 기부했다.

- 2007년 4월 25일 '강한 미국 학교'에 6천만 달러를 지원했다. 이 단체는 미국 교육을 강화하자는 목표를 내걸고 2008년 대통령 선거 후보자들에게 교육정책을 선거공약에 집어넣을 것을 주장하는 운동을 벌이고 있었다.

- 티칭 채널 지원 : 2011년 9월 게이츠 재단은 교육자에게 영상 교육 자료를 공급하는 이 기구에 350만 달러를 기부했다. 이 단체의 도움으로 50만 명의 교육자들이 혜택을 입었다.

- 텍사스고등학교 프로젝트 : 2003년부터 게이츠 재단은 텍사스 지방 고등학교 지망생 증원 학교 수준 높이기에 846만 달러를 지원했다. 특히 텍사스–멕시코 국경지대 학교에 유념했다.

- 대학 장학 프로그램 : 1998년 멀린다 게이츠의 모교 듀크대학교에 장학금 수여 제도를 만들고 기금을 전달했다.

- 워싱턴 주 아카이버. 학술 문화 향상을 위한 장학금과 연구 지원 제도에 대한 지원
- William H. Gates Public Service Law Program：워싱턴대학교 법과 지망 졸업생들 사회 진출 5년간 지원금 프로그램
- 오스틴의 텍사스대학교의 '빌 & 멀린다 게이츠 컴퓨터과학관' 건축에 3천만 달러를 지원했다.

교육은 게이츠 재단이 집중 지원하는 분야가 된다. 2009년 한 해에 3억 7,300만 달러를 교육에 지원했다. 게이츠 재단은 미국 최대 두 교원조합을 지원하고 있다. 재단의 지원 목표의 하나가 대학 졸업생을 늘려서 빈곤을 해결하자는 것이다. 게이츠 재단은 1999년 2천만 달러를 빌 H. 게이츠 빌딩 건설 기금으로 내놨다. 이 돈은 MIT에 신축되는 컴퓨터 실험실 건축 비용이었다. 이 기부는 게이츠 개인의 기부였다. 하버드 공과대학 안에 세우는 '맥스웰 드워킨 실험실'은 게이츠와 스티브 발머 두 사람의 어머니 이름을 붙이고 기념하는 연구소인데, 연구소 건립과 지원을 게이츠가 주도했다. 게이츠는 스탠퍼드대학교에 건축되는 '게이츠 컴퓨터과학관' 신축 비용으로 600만 달러를 기부했다. 이 건물에는 컴퓨터과학관과 컴퓨터시스템연구소가 자리 잡고 있다. 게이츠는 미국 교육의 문제를 다룬 영화

〈슈퍼맨을 기다리며〉의 제작을 재정적으로 지원했다. 이 영화가 개봉되는 선댄스영화제에 참석해서 게이츠는 문화예술계 인사들과 폭넓은 교류를 가졌다.

2006년 10월 '빌 앤드 멀린다 게이츠 재단'은 두 단체로 분화되었다. 재단 재산 관리를 맡는 '트러스트'와 지원금 결정과 수여를 책임지는 '재단'이다. 2006년 게이츠 재단은 국제협력의 공로를 인정받아 '프린시페 데 아스투리아스상'을 수상했다. 2007년에는 '인디라 간디 평화상'을 받았다. 2015년 인도 정부는 게이츠와 멀린다의 사회 봉사를 치하하기 위해 '파드마 부샨상'을 그들에게 수여했다.

게이츠는 32세 때 『포브스』지에 미국 400명 억만장자 리스트에 오른 세계 최초 최연소 자수성가 부호였다. 미국 주간지 『타임』은 2004, 2005, 2006년에 연이어 '20세기를 빛낸 100인'에 게이츠를 선정했다. 2005년, 『타임』은 게이츠와 멀린다를 U2의 가수 보노와 함께 '올해의 인물'로 선정했다. 1999년 게이츠는 하버드대학교 『선데이 타임스』에 '올해의 CEO'로 선정되었다. 『포브스』는 게이츠를 세계에서 네 번째 힘 있는 저명인사로 선정했다. 1994년 게이츠는 영국컴퓨터협회의 명예회원으로 추대되고, 2000년 네덜란드 니엔로드경영대학교 명예박사,

2002년 스웨덴왕립공과대학(KTH) 명예박사, 2005년 일본 와세다대학교 명예박사, 2007년 중국 칭화대학교 명예박사, 2007년 미국 하버드대학교 명예박사, 2007년 스웨덴 스톡홀름 카롤린스카 연구소 명예박사, 2009년 영국 케임브리지대학교 명예박사, 2007년 중국 베이징대학교 명예이사 등의 영광을 누렸다.

애플의 신화,
스티브 잡스

©Matthew Yohe(wikipedia)

1
잡스와 게이츠, 두 거인의 만남

스티브 잡스와 빌 게이츠는 1955년 같은 해에 출생했다. 두 사람은 여자 친구들과 더블데이트를 할 정도로 친한 사이였다. 그러나 사업을 하면서 사이는 멀어지고, 급기야 컴퓨터업계의 최대 라이벌이 되었다. 그렇게 된 원인은 두 사람의 성격과 성장 배경 때문이다. 게이츠는 명문가 출신이요, 학벌은 최고였다. 게이츠는 반항적인 히피도 아니요, 반문화 그룹에 속하지도 않았다. 게이츠는 컴퓨터 도사였다. 잡스는 이 모든 것의 정반대였다.

잡스는 완벽주의자였다. 예술가적 기질로 인재를 모아 애플로 동료들을 규합하고, 치밀한 계획과 과감한 전략으로 하드웨어, 소프트웨어, PC의 제반 분야를 통합해서 '한 세트'의 패키지로 묶어서 애플을 최고의 경지로 끌어올렸다. 게이츠는 차분한 성격과 분석적 이성으로 사업과 기술을 통솔해서 마이크로소프트 기기 판매 1위의 성과를 달성했다. 게이츠는 잡스의 유능한 경영 전략과 창조적 상상력을 찬양하고, 잡스는 게이츠의 소프트웨어 실력과 자선사업을 존경했다. 사업을 하는 동안 두 사람은 서로 만나서 의견을 교환하고, 도울 일이 있으면 서로 협조하면서 지냈다. 매킨토시의 '엑셀'을 뉴욕에서 선보일 때도 게이츠와 잡스는 기자회견 만찬장에 함께 있으면서 테이프를 끊었다. 그러나 내면적으로는 경쟁이 치열했다.

1998년 마이크로소프트가 급상승해서 시가 총액 2,500억 달러를 달성할 때, 애플 공동 창업자 스티브 잡스는 경영난에 허덕이고 있었다. 1985년 잡스는 애플에서 쫓겨나다시피 나가서 '넥스트컴퓨터'를 창업했다. 사태는 다시 역전되어 잡스가 자신의 물건을 애플에 팔고 의기양양하게 회사에 복귀했다. 1996년 일어났던 기기묘묘한 일이다. 그해 9월 그는 최고경영자(CEO) 자리에 앉았지만 애플의 적자액은 10억 달러에 달하고 있었다.

잡스는 머리 좋고 냉엄한 성격에 타의 추종을 불허하는 기발한 발상의 경영자였다. 그의 재능은 소프트웨어가 아니라 하드웨어였다. 디자인의 힘과 사람 사귀는 외교력은 타고났다. 카리스마로 휘어잡는 지도력은 무서웠다. 애플 제품 가격표를 전부 암기하고 있어서 기업체와의 협상에서 언제나 유리했다. 잡스의 목표는 간단했다. 사용하기 쉬운 기계를 눈에 띄는 디자인으로 감싸는 일이었다. 1997년 애플 도산 직전 잡스는 게이츠를 찾아갔다. 잡스는 그때 마이크로소프트가 도와주지 않았으면 애플은 존재할 수 없었다는 것을 항상 기억하고 있었다. 애플은 당시 자금이 필요했다. 잡스는 게이츠에게 자신의 수위를 조정하면서 솔직하게 도움을 청했다. 그 결과 1억 5천만 달러의 무의결권주(無議決權株) 구입 등의 동의를 이끌어냈다. 게이츠는 그 나름대로 IT의 발전을 위해 애플의 미래에 투자하기로 하고 선심을 썼다.

스티브 잡스는 직원과 자금 관리에 책임을 지고 나섰다. 그는 과거 자신의 두 번 실패를 명심했다. 그는 삼세번 도산하지 않고서는 지혜가 생기지 않는다는 철칙을 믿고 있었다. 그 세 번째 현실이 눈앞에 다가온 것이다. 잡스는 자신이 없는 동안 애플이 고객을 무시하고 이윤 추구에만 몰두해서 회사가 몰락했다고 생각했다. 잡스는 개혁의 칼을 대기 시작했다. 많은 직원들이 해고되었다. 350종류 회사 제품을 10종류로 축소했다. 추진했던 프로젝트도 중단했다. 직원들에게 그는 말했다. "중점적으로 가려면 건수를 줄여야 한다. 우수 제품 네 개로 충분하다. 윈도우즈는 소프트웨어 좋고, 가격 좋은데 누가 애플을 사겠는가?" 그는 직원들을 자극하고 촉발했다. 잡스는 애플의 물류 시스템이 제대로 가동하지 않는다고 생각했다. 이 문제를 해결하도록 1998년 채용된 팀 쿡에게 그 일을 일임했다. 쿡은 즉시 회의를 소집해서 제조 라인과 물류 시스템을 개선했다. 재고 회전 일수를 5주에서 2일로 바꾸면서 주 단의로 계획하고, 하루 단위로 실천하는 지침을 시달했다. 쿡은 공정 시일의 단축을 감행했다. 쿡의 개선책은 경영 효과를 거두면서 수지 균형이 개선되었다. 현금 유출이 수습되고 회사는 흑자로 돌아섰다. 그러나 1998년 8월 시점에서 볼 때, 애플은 여전히 작은 규모의 회사에 불과했다. 게이츠는 어느 날 "무엇이 가장 두려운가?"라는 기자의 질문에 "지금 이 순간 아무도 모르는 가운데 어느 차고에서 일어나고 있는 일"이라고 답변한 적이 있다. 실제로 그런 일이 벌어졌다. 1998년 실리콘밸리의 어느 차고에서 스탠퍼드 대학원 박사과정 재학생, 25세 두 젊은이, 세르게이 브린과 래리 페이지가 주식회사 구글을 출범시킨 사건이 바로 그것이다.

2
차고에서 시작된 애플

스티브 잡스는 샌프란시스코에서 1955년 2월 24일 태어나서 양부모 폴 잡스와 클라라에게 입양되어 1960년대 샌프란시스코 베이에어리어에서 양육되었다. 잡스의 친모는 입양 조건을 달았다. 양부모가 대학 출신이어야 한다는 것이었다. 그런데 원래의 양부 변호사는 아들을 원치 않았기 때문에 입양을 취소했다. 할 수 없이 잡스는 고등학교 중퇴생 폴 잡스의 집에 입양하게 되었다. 친모는 다시 조건을 제시했다. 아이를 반드시 대학에 입학시켜야 한다는 것이었다. 양부모는 그 조건을 받아들였다. 양부는 기계 만지는 일을 좋아했다. 이상한 인연이었다. 폴은 양아들 이름을 스티브라고 지었다. 스티브 잡스는 일찍부터 자신이 양아들이라는 것을 알고 있었다. 그래서 간혹 눈물을 흘렸다.

　　잡스의 반문화적 생활 스타일은 이 무렵 이 지역에서의 생활 환경 때문이었다. 캘리포니아 쿠퍼티노의 홈스테드고등학교를 졸업하고, 1972년 오리건주 포틀랜드에 있는 리드대학에 입학했지만 18개월 다니다가 중퇴했다. 고등학생 시절 잡스는 친구 스티븐 워즈니악을 사귀게 되었다. 잡스보다 다섯 살 위였다. 전자기기에 대한 지식은 잡스를 훨씬 웃돌았다. 잡스처럼 워즈(워즈니악의 약칭)도 아버지 손에서 어릴 때부터 기계를 익혔다. 그러나 그들은 잡스와는 판이했다. 잡스의 양부 폴은 자동차 부속이나 만지는 고등학교 중퇴 기술자였지만, 워즈 아버지는 '칼텍' 출신으로 전자기기 사업을 하고 있었다. 워즈는 부친의 전자 관계 서적을 평소 탐독했다. '에니악' 컴퓨터에 관한 지식도 충분히 알고 있었다. 워즈는 컴퓨터 제조 회사에 취직했다. 워즈는 친구 차고에서 여러 가지 실험을 하면서 컴퓨터 연구에 열중했다. 잡스와 워즈는 음악 취미가 같았다. 워즈는 잡스에게 밥 딜런 음악을 듣게 했다. 차고에서 여러 가지 실험을 하고 물건을 만들면서 잡스와 워즈는 컴퓨터 사업에 관한 이야기를 하게 되었다.

　　잡스는 1974년 양부모가 있는 로스알토스로 가서 비디오게임 제조 회사 아타리에 취직했다. 시간당 5달러 임금을 받았다. 잡스가 직장을 구한 이유는 돈을 모아 인도로 가기 위해서였다. 여비를 모은 잡스는 히말라야 산록 나이니탈 근처 마을에 도착했다. 잡스는 7개월 동안 인도에 머물면서 선(禪)에 침잠했다. 미국에 돌아와서도 잡스는 선에 빠져 있었지만, 스탠퍼드대학교에서 물리학과 공학 과정을 청강했다. 인도에서 잡스는 인도 사람들이 지적 추리보다는 직관에 의존한다는 것을 알았다. 이것은 그에게 큰 문화적 충격이었다. 직관은 지능보다 더 강한 것이라는 것을 잡스는 알게 되었고, 이런 생각은 평생 그의 신념이 되었다.

애플사의 발단

인도에서 돌아와서 직장 아타리에 잠시 머문 다음, 잡스는 1976년 크라이스 드라이브에 있는 양부모 알토스 집 차고에서 워즈니악과 공동으로 회사를 창립했다. 워즈니악의 '애플 I' PC를 판매하기 위해서였다. 운영 자금을 위해 워즈니악은 자신의 'HP 65' 계산기를 500달러를 받고 팔았다. 잡스는 폭스바겐 자동차를 1,500달러에 팔았다. 이제 컴퓨터회사 이름이 필요했다. 그들은 '애플'로 정했다. 기계 제작을 위해서는 1만 5천 달러의 돈이 더 필요했다. 잡스는 친구 아버지로부터 5천 달러 빌리고, 나머지 돈은 은행에서 대출받으려고 했지만, 은행원은 잡스의 히피 스타일을 보고 거절했다. 결국 물품회사와 협상 끝에 한 달 기한 외상 거래를 텄다. 잡스는 다음에 만들 애플은 케이스가 있고, 키보드가 부착된 기능 좋은 소프트웨어 컴퓨터여야 한다고 생각했다. 이후 잡스는 '한 세트가 된 PC'를 만드는 일에 전력을 기울이게 되었다. 1976년 노동절 주말에 워즈는 '애플 Ⅱ' 프로토타입을 완성했다. 이를 '패키지'로 묶어서 번듯한 제품으로 완성하려면 자본이 더 필요했다. 잡스는 자금을 구하기 위해서 아타리사로 가서 조 키넌 회장을 만났다. 회장은 잡스의 몰골을 보고 안심할 수 없었다. 잡스는 맨발이었다. 회장과 협의 중에 맨발을 테이블 위에 올려놓기도 했다. 회장은 "발 내려놔. 당신 물건 못 사!"라고 잡스에게 호통을 쳤다. 이 일이 있은 다음부터 잡스는 정장을 하고 카우보이모자를 쓰고 다녔다. 그러자 신기하게도 돈은 순조롭게 구해졌다. '애플 Ⅱ'는 워즈의 회로 디자인만으로 되는 것은 아니었다. 잡스의 '패키지'가 필요했다. 이 점이 워즈와 잡스의 의견 차이였다. 잡스의 아버지 폴은 제품의 완성은 안 보이는 부분에 대한 세심한 배려와 손질이 중요하다고 입버릇처럼 말했다. 잡스는 이 교훈을 항상 명심하고 모든 생산 과정에서 이 가르침을 실행했다.

그가 자신의 주장을 관철시키려면 20만 달러의 돈이 더 필요했다. 세쿼이어 신용금고 회장 돈 밸런틴에게 부탁했더니 그는 잡스의 차고를 보러 왔다. 그가 만난 잡스는 바싹 마르고 수염이 텁수룩한 것이 마치 베트남의 호치민 같았다고 그는 회상했다. 밸런틴은 잡스에게 충고했다. "당신이 나의 지원을 받으려면 마케팅 판매 전문가를 고용해야 합니다. 지금 당신 실력으로는 안 됩니다." 그는 마이크 마쿨라를 잡스에게 추천했다. 이후 마쿨라는 20년간 잡스의 마케팅 분야 측근이 되었다. 당시 마쿨라는 33세였다. 잡스는 그를 좋아했다. 두 사람은 함께 사업계획서를 작성했다. 잡스는 동료 워즈에게 상임이사가 되어 달라고 요청했다.

1977년 1월 3일 애플컴퓨터사가 발족했다. 마쿨라는 애플의 마케팅 철칙을 발표했다. 그가 강조한 것은 세 가지였다. 첫째는 고객과의 공감대 형성. 둘째는 불필요한 기회를 제거하는 집중. 셋째는 회사와 제품에 대한 상호 의견의 자유로운 개진. 최고의 상품, 최고의 품질, 최고의 소프트웨어 생산을 목적으로 삼고 있는 그에게 있어서 이 철칙은 반드시 지켜야 하는 사훈이었다. 잡스는 고객의 요구와 갈망을 최고의 가치로 삼는 지도자가 되겠다고 결심했다.

'애플 Ⅱ' 발표회는 다행히도 1977년 4월 샌프란시스코에서 열리는 웨스트코스트 컴퓨터 축제와 겹치게 되었다. 잡스는 이 기회에 애플이 만든 최고의 상품을 선보일 작정이었다. 잡스는 정문 앞 명당 자리를 잡기 위해 5천 달러를 미리 주고 장소 예약을 끝냈다. 당시 이 제품은 세 대밖에 완성되지 않았기 때문에 더 많은 상품이 있다는 것을 자랑하기 위해 빈 상자를 잔뜩 회의장에 쌓아놓았다. 애플에는 당시 직원이 열두 명뿐이었다.

잡스와 워즈는 단번에 유명해졌다. 이들은 '애플 Ⅱ'로 수입을 올리기 시작했다. 이 기계는 최초로 대량생산된 성공적인 '퍼스널 컴퓨터'가 되었다. 이 PC는 1981년 마이크로소프트가 만든 '도스(MS-Dos)'로 작동되는 'IBM 컴퓨터'가 출시될 때까지 시장을 독점했다. 1977년 2,500대 판매하던 것이 1981년에는 21만 대로 늘어났다. 그러나 잡스는 불안했다. 이런 인기는 영원할 수 없다고 생각해서다. 결국 이 기계는 워즈의 작품이었다. 잡스는 자신의 기계를 갖고 싶었고 '애플 Ⅲ'를 만들어보자고 제안했다. 하지만 1980년 5월에 출시된 애플 Ⅲ는 실패작이었다. 잡스는 휴렛팩커드에서 두 기술자를 빼왔다. 이들을 통해 잡스의 딸 이름을 붙인, 2천 달러 가격의 16비트 컴퓨터 '리사'를 만들어냈다. 1980년 12월 12일 애플은 '리사'를 계기로 상장회사가 되었다. 상장하자마자 주가는 22달러에서 29달러로 상승했다. 25세가 된 잡스의 재산은 2억 5,600만 달러가 되었다.

3
부자가 된 맨발의 잡스

잡스는 원래 반물질주의자였다. 인도로 순례의 길을 떠나 히말라야 산기슭 선원(禪院)에서 선을 공부했다. 맨발의 히피가 되어 미국에서 컴퓨터회사를 일으키자 순식간에 막대한 돈을 벌어들였다. 돈은 우연히 긁어모은 것이 아니라 작심하고 벌어들인 것이다. 물질을 버리는 철인이 사업의 도사가 된 것이다. 참으로 착잡한 일이요, 기이한 모순이었다. 그는 고급스런 물건, 아름다운 디자인, 예컨대 포르쉐나 메르세데스 자동차, 헹켈의 나이프, 브라운의 기구, BMW 오토바이, 안셀 애덤스의 사진, 뵈젠도르퍼 피아노, 뱅앤올룹슨 오디오 등을 몹시 좋아했다. 하지만 그가 사는 집은 평범하고 가구는 검소했다. 여행을 가도 수행원과 경호원 없는 모습이었다. 업무용 차는 보통 수준이고, 운전은 자신이 했다. 측근이 자가용 비행기를 사자고 해도 그는 한동안 사양했다. 상거래를 하는 경우 잡스는 이윤에 급급하지 않았다. 그는 "돈이 자신의 인생을 망치지 않도록" 항상 주의했다.

그는 돈에 관대한 성격이어서 자선 행위에 열을 올렸다. 그는 한동안 재단을 설립한 적이 있었다. 그런데 재단을 사무적으로 관리하는 일이 번거롭다는 생각이 들었다. 게다가 자선을 뽐내는 일이 싫었다. 일찌감치 그는 빈민 질병 퇴치를 위해 래리 재단에 남몰래 5천만 달러의 수표를 보낸 적이 있다. 네팔의 맹인들을 위한 자선 활동에도 참여했다. 그는 양부모 폴과 클라라에게 75만 달러의 주식을 전달했다.

해군보다 해적이 낫다

1983년 1월 애플은 '리사'를 출시했다. 잡스는 리사 팀에 속하지 않았지만 애플 대표이기 때문에 뉴욕 출시 발표회에 나가기로 마음먹고 홍보 담당 고문 레지스 매케나로부터 선전술을 습득했다. 『타임』 『비즈니스 위크』 『월 스트리트 저널』 『포천』 기자들이 뉴욕 칼라일 호텔 발표장에 몰려들었다. 그곳에는 리사 컴퓨터가 꽃 속에 설치되어 있었다. 리사 발표는 '죽음의 키스'였다. 리사는 천천히 죽어가다가 2년 만에 소멸되었다. 이유 중 하나가 고가였다는 것이다. 이제 애플은 '매킨토시'에 희망을 걸었다. 매킨토시 팀은 본사를 텍사스 타워에서 밴들리 드라이브에 위치한 애플 빌딩으로 옮겼다. 잡스는 고삐를 단단히 거머쥐고 있었다. 창의성이 뛰어나고, 지능이 두드러지고, 약간 모가 난 인재들을 집결시켰다. 그는 간부들과 함께 소프트웨어 기술진을 인터뷰했다. 잡스는 대뜸 물었다. "당신 처녀예요?" "언제 처녀성을 잃었지요?" 지원자들은 얼굴이 빨개졌다. "LSD는 몇 번 했지요?" 배석했던 허츠펠드가 뛰어들어 기술적인 질문으로 화제를 급히 바꿨다. 잡스는 농담을 퍼붓는 가운데서도 일의 중요성을 강조하고 사명감을 불어넣는 것을 잊지 않았다. 1982년 몽트레이 근처 파하로 던스에서 50명 남짓한 매킨토시 개발팀을 앞에 두고 잡스는 무릎에 놓을 수 있는 스크린과 키보드가 달린 모형 컴퓨터를 개발팀에게 보여주면서 "이것이 80년대 중반이나 말경에 내가 만들고 싶은 물건"이라고 말했다. 그 후, 이틀 동안 컴퓨터 분석가 벤 로젠과 기계 전문가들, 그리고 팀 리더들이 소견 발표를 했다. 발표회와 토론회를 마감하면서 잡스는 말했다. "50명이 이곳에서 하는 일이 우주로 향해 거대한 파문을 일으키고 있습니다." 그는 이어서 "해군에 입대하는 것보다 해적이 되는 것이 좋다"고 말하면서 맥(Mac) 개발팀의 반항적 기질을 촉구했다. 몇 주 후에 다가온 잡스 생일날, 개발팀은 본부 건물에 대형 현수막을 걸었다. "해피 버스데이! 28세 스티브! 항해가 보상이다, 해적들이여!" 개발팀은 잡스에게도 맞설 수 있다는 자신감을 갖게 되었다.

잡스와 존 스컬리

잡스는 마케팅 전문가를 사장으로 영입하고 싶었다. 잡스 자신은 사장 될 나이가 아니라고 생각했다. 처음에는 측근 마이크 마큘라를 만나서 권유했다. 그의 아내가 결사 반대였다. 그래서 돌고 돌다가 펩시콜라의 소문난 영업의 달인 존 스컬리로 낙착되었다. 스컬리의 배경은 잡스와 딴판이었다. 그의 모친은 외출할 때 흰 장갑을 끼는 귀부인이었다. 아버지는 월 가의 변호사였다. 그는 브라운대학교 학사 출신이었다. 경영학 학위는 훠턴 스쿨(펜실베니아대학교 경영대학원)에서 받았다. 그는 펩시의 선전으로 두각을 나타냈다. 대학생들에게도 강연으로 인기였다. 스컬리는 평소 컴퓨터 상품 전시 및 선전이 얼마나 허술한지 실감하고 있었다. 스컬리가 애플 사무실에 온 날, 그는 사무실의 자유분방한 분위기에 놀랐다. 스컬리는 집에 와서 컴퓨터 마케팅에 관한 8페이지의 메모를 작성했다. "컴퓨터로 풍성한 인생을 즐긴다는 낭만적 감정을 소비자들이 갖도록 해야한다"는 것이 메모의 요지였다. 하지만 그는 여전히 펩시를 떠나고 싶지 않았다. 그러나 잡스는 그에게 매달렸다. "이 젊은 수재와 사귀면 재미있을 것 같습니다"라는 것이 스컬리가 잡스와 만나는 이유였다.

1983년 1월 리사 발표를 끝내고, 잡스와 스컬리는 '포 시즌' 식당에서 늦은 밤까지 서로 흉금을 털어놓았다. 잡스는 잊을 수 없는 "신나는 밤이었다"고 그날의 감동을 전했다. 스컬리는 집에 돌아와서 잠을 이루지 못했다. 잡스의 젊은 기백과 비전에 놀랐다. 그와 만나는 것이 펩시콜라보다 더 재미있을 것 같았다. 스컬리는 새로운 야망에 불탔다. 다음 날 잡스 측근은 스컬리에게 전했다. "잡스는 당신에게 반했습니다." 이렇게 되어 두 사람의 교류는 시작되었다. 잡스는 스컬리가 새로 지은 집을 방문했다. 그는 300파운드짜리 참나무 문을 보고 탄성을 질렀다. 손가락이 살짝 스쳐도 문은 열렸다. 완벽주의자 잡스는 이거다 싶었다. 스컬리는 평소 캐딜락을 탄다. 그러나 잡스의 방문을 위해 아내의 자동차 메르세데스 컨버터블 450SL를 몰고 펩시 본사로 갔다. 펩시 사옥은 잡스 건물과는 전혀 달랐다. 들판을 바라보면서 꾸불꾸불한 차도를 지나다 보면 이윽고 조각공원이 나타난다. 로댕, 헨리 무어, 콜더, 자코메티의 명품 조각이 한눈에 들어왔다. 본부 건물은 건축가 에드워드 더렐 스톤이 설계한 콘크리트와 유리로 지은 건축물이었다. 스컬리의 거대한 집무실에는 페르시아 융단이 깔려 있었다. 일곱 개 창문, 개인용 정원, 별도의 연구실, 욕실까지 있는 호화판 집무실이었다. 사원들의 체육실도 놀라웠다.

몇 주 후 두 사람은 다시 만났다. 이번에는 잡스가 스컬리를 불러 애플 본사에서 스크린을 통해 애플이 하고 있는 일을 소개했다. 잡스는 주변 사람들에게 스컬리가 "정말 스마트하다"고 자랑했다. 잡스는 스컬리 부부를 로스가토스에 있는 튜더식 집으로 초대했다. 당시 잡스는 여자친구 바버라 야진스키와 함께 있었다. 잡스는 집 안을 잘 꾸미지는 않았지만 자신의 취미대로 티파니 램프며, 골동 식탁이며, 레이저 디스크 비디오며, 마루에 널려 있는 발포 쿠션 등이 스컬리의 뉴욕 젊은 시절을 상기시켰다. 스컬리는 그 나름대로 잡스를 시험했다. 메트로폴리탄 박물관으로 잡스를 끌고 가서 그의 교양과 의중을 탐색했다. 스컬리는 대우 문제를 꺼낼 때가 되었다고 생각해서 잡스에게 100만 달러의 봉급과 100만 달러의 보너스를 제시했다. 잡스는 자신의 호주머니 돈을 다 쓰더라도 그 봉급을 주겠다고 스컬리에게 약속했다. 스컬리는 잡스와 정신이 통하는 것을 느꼈다. 잡스는 자신이 젊어서 죽을 것 같으니 일을 빨리빨리 해서 실리콘밸리 역사에 남아야 한다고 말했다. 그 일을 위해 스컬리가 필요하다고 했다. 스컬리는 1983년 5월 애플로 왔다.

1984년은 잡스가 75만 달러를 들인 TV 광고의 해가 되었다. 미국 슈퍼볼 결승전 중계방송 중 2초 동안 화면은 먹통이 된다. 그리고 광고가 나간다. 9,600만 시청자가 광고를 보고 있다. 시청자들의 간담을 서늘케 한 충격적인 영상이 떴다 사라지면 "1월 24일 애플 컴퓨터 '매킨토시'를 소개합니다. 여러분은 1984년이 왜 '1984'년이 아닌지 알게 됩니다." 이렇게 시작된 애플 TV 광고는 전 세계에 선풍을 일으키면서 역사상 최고의 상업 광고가 되었다. 스컬리가 온 다음 잡스는 옛날의 잡스가 아니었다. 상품 광고와 선전이 잡스의 세일 캠페인의 주 무기가 되었다. 1984년 1월 24일 '디안자커뮤니티대학'의 플린트 강당에서 애플 연례 주주총회가 개최되었다. 그 자리에서 펼친 잡스의 선전 활동에 주주들은 환성을 지르고 열광했다. 신문 방송은 이 광경을 놓치지 않았다. 잡스와 스컬리가 계획한 대로 최고의 극적 효과를 달성했다.

1984년 'Mac'의 출시는 잡스를 업계 저명인사로 급부상시켰다. 그는 뉴욕 사교계에 나타났다. 레논의 미망인 오노 요코의 파티에서 예술가 앤디 워홀을 만났다. 그는 뉴욕 고급 아파트를 구입해서 개수했다. 그러나 들어가서 살지는 않았다. 나중에 이 아파트를 가수 보노에게 1,500만 달러를 받고 팔았다. 그는 또한 팰로앨토 언덕에 있는 스페인풍의 침실 열네 개가 있는 저택을 구입했다. 입주는 했지만 집 단장은 안 했다. 잡스는 스컬리의 애플 취임일을 잊지 않았다. 1984년 5월 스컬리 애플 착륙 1주년 기념 파티를 쿠퍼티노의 유명 레스토랑 '르 무퉁 누아르'에서 성대하게 개최했다. 애플 중역과 주주들이 총집합했다. 잡스는 축배의 잔을 들고 말했다. "나에게 가장 행복했던 두 날은 Mac을 출시한 날과 존 스컬리가 애플에 오겠다고 동의한 날입니다. 이보다 더 즐거운 날은 없습니다. 나는 존으로부터 너무나 많은 것을 배웠습니다." 스컬리는 답사의 말을 이렇게 맺었다. "애플에는 한 사람의 지도자가 있습니다. 스티브와 나 스컬리입니다." 잡스는 그 말을 듣고 희색만면이었다. 인간 상호간의 역사는 변화무쌍하다. 잡스와 스컬리가 걸어간 행로를 보면 알 수 있다.

4
애플을 떠나다

1985년 2월 잡스는 30세 생일 파티를 샌프란시스코 세인트프란시스 호텔 볼룸에 하객 1천 명 모아놓고 열나게 베풀었다. 샌프란시스코 심포니 오케스트라가 연주하는 왈츠 음악에 따라 모두들 신나게 춤추고 놀았다. 밥 딜런을 초대했지만 오지 않아서 엘리 피츠제럴드가 〈이파네마서 온 소녀〉와 〈해피버스데이〉를 불렀다. 스컬리는 축배 인사를 했다. 워즈니악은 생일 선물을 했다. 많은 사람들이 선물을 들고 줄을 섰다. 데비 콜먼은 스콧 피츠제럴드의 소설 『마지막 거인』 초판본을 선물했다. 이 모든 선물을 잡스는 호텔에 놓고 왔다. 파티 후, 'Mac'팀은 흩어지기 시작했다. 리더였던 앤디 허츠펠드가 회사를 떠나고, 버렐 스미스도 1985년 떠나고, 연달아 브루스 혼도 떠났다.

그러나 최대의 뉴스는 애플 공동 창업자 스티브 워즈니악의 사임이었다. 'Apple Ⅱ'를 만든 그는 크리스마스 시즌에 애플 판매 70%가 그의 작품이었는데도 잡스가 이 기계를 달갑지 않게 여겨서 불편했는데, 당시 그가 발명한 리모콘의 제조 판매 회사를 만들 계획으로 사임했다. 그의 온화한 성격은 작별 방식에도 영향을 미쳤다. 그는 2만 달러 봉급을 받고 임시직으로 애플에 남아 있기로 했다.

잡스의 패배

1985년 봄, 잡스와 스컬리 사이가 묘해졌다. 이유는 기기 단가 책정 의견 차이 때문이요, 더 근본적인 것은 직능 차이 때문이었다. 스컬리는 경영 분야이기에 전자 기계에 대한 이해가 부족했다. 잡스는 그것이 불만이었다. 스컬리는 종종 발생하는 잡스의 무례한 행동이 마음에 들지 않았다. 1985년 3월에 'Mac'의 판매가 저조해지자 잡스는 울적해지고, 주변 사람에게 험담과 야유를 쏟아냈다. 중간급 메니저들이 참다못해 잡스에게 항의 메시지를 보내고 반기를 들었다. 그들은 스컬리와 잡스 양쪽에 날을 세웠다. 스컬리는 고민 끝에 잡스에게 'Mac' 부문 일에서 손을 떼라고 말했다. 그 분야 기술자들이 요구하는 일을 스컬리가 대변하는 것이었다. 대표자들이 그에게 면담하러 왔을 때, 잡스는 그 말을 듣고 놀라서 귀를 의심했다. 잡스는 스컬리에게 "나를 도와야지"라고 원망하면서 분을 참다못해 눈물을 쏟았다. 스컬리는 이 사태를 이사회에 제기하겠다고 말했다. 잡스는 "믿을 수 없네. 그러면 회사가 망해!"라고 고함을 질렀다. 스컬리는 방에서 나왔다. 잡스와 이사들의 대담을 위해서였다.

4월 11일 이사회가 열렸다. 스컬리는 사태를 보고했다. 이사 아서 로크는 잡스와 스컬리 모두에게 책임이 있다고 말했다. 이사회 중론은 잡스가 그 분야에서 물러나야 한다는 것이었다. 잡스가 방에서 나왔다. 이번에는 스컬리와 이사들이 사태를 논의하기 위해서였다. 스컬리는 자신에게 전권을 주면 회사 분란을 수습하겠다고 말했다. 이사회는 스컬리 편을 들었다. 복도에서 기다리던 잡스는 자신이 패했다는 것을 직감했다. 잡스는 스컬리에게 배신감을 느꼈다. 1985년 5월 잡스는 스컬리를 만나러 가서 그에게 생각할 시간을 달라고 했다. 스컬리는 완강했다. 잡스는 정공법으로 나왔다. "스컬리, 당신 사임하시오." 화가 난 스컬리는 응수했다. "잡스, 당신은 'Mac'을 발전시킬 수 없어요." 스컬리는 혼자 빠져나와 눈물을 흘렸다.

5월 14일 사태는 여전히 혼란스러웠다. 잡스가 물러나지 않았기 때문이다. 5월 23일 잡스는 'Mac' 선임자들에게 스컬리

해임을 고려 중이라고 말했다. 그러나 이사회도, 애플 수뇌부도 모두 스컬리 편을 들었다. 결국 이사회 결정은 잡스의 패배였다. 잡스가 아버지처럼 모셨던 마이크 마큘라도, 아서 로크도, 스컬리도 모두 그를 버렸다. 이런 일을 겪고 나니 스컬리는 더 이상 애플에 머물고 싶지 않았다. 그는 사의를 표했다. 이사들은 회사가 무너진다고 극력 말렸다. 심사숙고 끝에 스컬리는 회사에 남기로 했다. 잡스는 마음을 달래고 새로운 앞날을 모색하기 위해 유럽으로 여행을 떠났다. 파리로, 이탈리아로, 러시아로 세상 물정 살피면서 한 바퀴 돌고 왔다.

잡스는 1985년 8월 유럽 여행에서 돌아왔다. 잡스는 여전히 애플의 이사장이지만 실권이 없어서 그동안 이사회는 참석하지 않았다. 그러나 지금, 회사를 떠나는 순간 잡스는 이사회에 참석할 필요를 느꼈다. 그는 이사장 직 사퇴를 선언했다.

넥스트 창립

잡스는 직원 다섯 명과 함께 새 회사를 준비하고 있었다. 당시 잡스는 애플 주식을 650만 주 보유하고 있었다. 전체의 11%, 시가 1억 달러였다. 그는 자신의 주를 매도하기 시작했다. 5개월 후, 모두 정리했다. 주주총회에 참석하기 위해 한 주 남겨두었다.

단단히 화가 난 잡스는 자신의 회사 '넥스트'를 설립했다. 1988년 10월 12일 샌프란시스코 심포니 홀에서 '넥스트' 컴퓨터 세계 출시 행사를 개최했다. 3천 명 이상의 청중이 몰려들었다. 잡스는 세 시간 동안 무대에서 청중의 박수갈채를 받으며 작품 발표를 했다. 샌프란시스코 심포니 오케스트라는 바흐의 바이올린 협주곡 A단조를 연주했다. 신품 발표가 끝났는데도 차일피일하면서 컴퓨터 출시가 늦춰지자, 기자는 그에게 물었다. "왜 이토록 지연되고 있는가?" 잡스는 답했다. "늦은 게 아닙니다. 5년 앞당겼습니다." 넥스트 컴퓨터는 드디어 1989년 중반에 판매를 시작했다.

5
잡스의 여인들

1982년 잡스는 포크싱어 조앤 바에즈를 만났다. 둘은 쿠퍼티노에서 만나 차를 마시고 식사를 하면서 즐겼다. 잡스는 그녀가 사랑스럽고 재미있었다. 그 당시 잡스는 바버라 야진스키와의 관계가 끝나가고 있었다. 잡스는 바에즈와 하와이 여행을 가고, 산타크루즈 저택에서 함께 지내면서 그녀의 콘서트에 빠지지 않고 참석했다. 잡스는 바에즈에게 빠져들었다. 그의 나이 27세, 바에즈는 41세였다. 나이는 이들의 로맨스에 방해가 되지 않았다. 바에즈가 1960년대 가수 밥 딜런의 애인이었다는 사실이 그를 몹시 자극했다. 딜런은 잡스가 몹시 좋아했던 가수였다. 바에즈에게는 당시 열네 살 아들이 있었다. 반전주의자 데이비드 해리스와 결혼하고 얻은 가브리엘이었다. 바에즈가 잡

스에게 아들이 타자기를 원한다고 말했더니, 잡스는 바에즈를 데리고 자신의 실험실로 가서 극비리에 진행 중인 컴퓨터를 보여주면서 '애플 Ⅱ'를 주고, 후에 'Mac'도 한 대 선물했다. 직원들은 잡스의 돌출 행동에 놀라고, 명가수 바에즈의 출현에 화들짝 법석을 떨었다. 이런 일도 있었다. 잡스는 바에즈에게 랄프로렌의 의상을 보여주려 의상점으로 갔다. 옷을 보여주면서 바에즈보고 사라고 말했다. 바에즈는 살 만한 여유가 없다고 했다. 잡스는 그 옷을 사주지 않고 그냥 나왔다. 잡스가 바에즈에게 선물하는 꽃다발도 알고 보니 이벤트하다 남은 꽃이었다. 컴퓨터는 선물하지만 나머지는 모른 척 지나갔다. 잡스는 사랑을 해도 실리적인 본성을 지켰다. 잡스는 컴퓨터로 브람스 음악을 바에즈에게 들려주면서 기계가 사람의 소리보다 나아진다는 얘기를 했다. 바에즈는 그 얘기에 승복하지 않았다. 잡스는 고민했다. 10대 아이를 가진 연상의 여인과 가정을 이룰 수 있는가. 답은 언제나 부정적이었다. 잡스는 아이를 원하고 가정을 원했다. 그러나 바에즈는 더 이상 아이를 원하지 않았다. 바에즈는 첫 결혼이 파경으로 끝난 후에는 혼자 사는 인생을 갔다. 때때로 로맨스가 있었지만, 그것은 잠깐 동안의 나들이였다.

　잡스가 애플을 떠난 후, 양모 클라라가 폐암으로 사경을 헤매고 있었다. 잡스는 그녀의 병상을 지켰다. 갖가지 환담을 나누면서 잡스는 물었다. "어머니, 결혼 전 처녀였어요?" 클라라는 어색해하면서 입을 열었다. 폴과 결혼하기 전에 결혼을 한번 했는데 남편은 전쟁에서 돌아오지 않았다고 말하면서 잡스의 입양 얘기도 주섬주섬 늘어놓았다. 이후, 잡스는 자신을 낳아준 어머니 찾기에 나섰다. 탐정을 고용했지만 허사였다. 잡스는 자신의 출생신고서에 적혀 있는 의사의 이름을 확인했다. 그의 이름이 샌프란시스코 전화부에 있었다. 그는 전화를 걸었다. 의사는 당장에는 아무 도움이 되지 않았다. 그러나 의사는 잡스에게 편지를 썼다. 그 편지를 봉하고 자신이 죽은 후에 잡스에게 그 편지를 전하라고 적어두었다. 의사가 죽은 후에, 부인이 그 편지를 잡스에게 전했다. 편지에는 출생 내력이 적혀 있었다. 잡스의 생모는 위스콘신의 미혼녀 대학생 조앤 시블이었다. 탐정은 그 이름을 쫓았다. 잡스를 입양 보내고, 생모는 잡스의 생부 압둘파타 잔달리와 정식으로 결혼했다. 이들 부부는 딸 모나를 얻었다. 5년 후, 생부는 이들 모녀와 헤어졌다. 생모는 조지 심프슨과 재혼했다. 이 결혼도 오래가지 않았다. 1970년 이들 모녀는 로스앤젤레스로 갔다. 잡스는 이 사실을 알고도 1986년 양모 사망 시까지 생모와의 접촉을 시도하지 않았다. 양부 폴에게는 말했다. 폴은 생모와의 접촉을 양해했다.

잡스는 생모에게 전화를 걸고, 생모를 만났다. 양모에게 자신을 입양 보낸 것을 이해한다고 말했다. 잡스는 생모에게 감사의 뜻을 전했다. 유산시키지 않은 것만도 다행한 일이라고 말했다. 생모는 그 당시 23세였다. 잡스 때문에 상처를 받고 고통을 받았었다. 입양을 보내면서도 아이의 미래를 걱정하며 대학을 보내야 한다고 양부모한테 서약서를 받아냈다. 생모는 잡스를 보고 감정이 복받쳤다. 생모는 잡스가 유명해지고 부자가 된 것을 알고 있었다. 생모는 당시 입양을 강요당했다고 말했다. 입양해도 아이는 행복할 수 있다는 것을 알고 난 다음 입양 각서에 서명을 했다고 말했다. 생모는 입양한 아들이 보고 싶어서 몹시 고통을 받았다고 말했다. 생모는 잡스에게 여러 번, 여러 번, 사과했다. 잡스는 입양했어도 괜찮았다고 생모를 위로했다.

생모는 잡스에게 여동생 모나가 있다고 말했다. 당시 모나 심프슨은 앞날이 촉망되는 소설가였다. 그녀는 뉴욕 맨해튼에 살고 있었다. 생모는 지금까지 잡스 얘기를 모나에게 하지 않았다. 잡스가 찾아온 날, 비로소 딸에게 이 사실을 전화로 알렸다. 오빠를 뉴욕으로 보내 모나를 만나게 해주겠다고 말했다. 그러나 오빠의 정체에 관해서는 아무 말도 하지 않았다. 모나는 그때 어머니 이야기를 소설로 쓰고 있었다. 모나는 당시 조지 플림턴이 주관하던 유명한 문학잡지『파리 리뷰』에 근무하고 있었다. 함께 일하던 편집자들은 모나의 오빠가 누구인지 궁금해했다. 드디어 이들의 만남이 세인트레지스 호텔 로비에서 성사되었다.

잡스와 모나는 로비에서 만난 후 산책을 했다. 그들은 서로 하는 일에 관해서, 살아가는 환경에 관해서, 그동안의 가족사에 관해서 스릴을 느끼면서 시간 가는 줄 모르게 떠들어댔다. 식당에서 저녁 식사를 하면서 두 사람은 모든 것이 너무나 가깝다는 것을 새삼스럽게 느꼈다. 잡스는 자신에게 여동생이 있다는 것이 신기했고, 여동생이 소설을 쓴다는 것이 여간 자랑스럽지 않았다. 1986년 플림턴이 모나 소설『여기가 아니면 어느 곳이나(Anywhere But Here)』출판 기념회를 열었을 때, 잡스는 뉴욕으로 가서 동생과 팔짱을 끼고 행사장에 들어섰다. 둘은 급속도로 친해졌다. 잡스는 동생을 아끼고, 모나는 오빠를 사랑했다. 모나는 잡스를 주인공으로『보통 사람(A Regular Guy)』이라는 소설을 썼다. 잡스가 마음에 들지 않는 점이 한 가지 있었다. 모나의 옷이었다. 모나는 한참 부상하는 젊은 소설가답게 옷을 대충 입었다. 잡스는 매력을 발산하도록 옷을 입으라고 권했다. 모나는 말했다. "나, 모델이 아니에요." 패션 디자이너 잇세이 미야케 점포에서 고급 의상이 모나에게 배송되었다. 빨간 머리 모나에 맞는 잿빛이 도는 녹색 정장이었다. 모나는 깜짝 놀라면서 오빠의 배려에 기쁨을 감출 수 없었다. 한때, 연인이었던 바에즈도 받지 못했던 선물이었다.

모나는 다섯 살 때 헤어진 아버지 찾기를 시작했다. 모나는 탐정을 고용했지만 성공하지 못했다. 모나는 단념하지 않고 다른 탐정을 물색했다. 그 탐정은 새크라멘토의 압둘파타 잔달리라는 사람의 주소를 자동차 면허 기록에서 찾아냈다. 모나는 오빠에게 연락하고 혼자서 새크라멘토로 향했다. 사실 잡스는 그에 대해서 흥미가 없었다. 그는 모나를 아껴주지 않았기 때문이다. 그는 모나를 버린 사람이었다. 모나는 아버지가 작은 식당에서 일하는 것을 발견했다. 그는 모나를 보고 기뻐했지만, 태도는 서먹했다. 몇 시간 동안 이야기를 나누면서 아버지는 그동안의 얘기를 모나에게 털어놓았다. 잡스는 모나에게 자신의 얘기를 생부한테 언급하지 말라고 부탁했다. 그래서 모나는 아무 말도 하지 않았다. 아버지는 그 아들을 만난 적이 없다고 했다. 그런데 아주 흥미로운 이야기를 해주었다. 아버지가 새너제이에서 멋진 식당을 운영하고 있었다. 식당이 소문나서 유명 인사들이 대거 몰려왔는데, 그중에는 유명한 스티브 잡스도 있었다고 말했다. 모나는 기절할 것 같았다. "그 사람이 아버지 아들이에요!" 목구멍으로 소리가 터져 나올 것만 같았지만 억지로 참았다. 모나는 잡스를 만나 새너제이 식당 이야기를 했다. 잡스는 그 식당과 그 주인을 기억하고 있었다. 잡스는 엄청 놀랐다. "그래, 기억하지, 시리아 사람이었어. 대머리였지. 우리는 만날 때마다 악수를 했어." 잡스는 끝내 그를 만나지 않았다. 몇 년이 지난 다음 잔달리와 잡스의 관계가 온라인에 언급되었다. 당시 잔달리는 네바다에 살면서 네 번째 결혼을 했다. 2006년 그가 모나를 만나러 왔을 때 스티브 잡스에 관해서 물었다. 모나는 사실 그대로 실토하면서, 잡스는 아버지를 만나고 싶어 하지 않는다고 말했다. 잔달리는 그 말을 이해했다. 그는 결국 잡스를 만나지 않았다. 1992년 모나는 이 이야기를 소재로 소설 『잃어버린 아버지(The Lost Father)』를 발간했다. 모나는 한 걸음 더 나갔다. 잔달리 가족들의 족보를 캐기 시작했다. 2011년 그 자료로 소설 준비를 했다. 잡스는 생모와는 긴밀한 관계를 유지했다. 크리스마스 때면 모나는 어머니와 함께 잡스 집에서 지냈다. 가족의 재회는 달콤하지만, 어머니는 눈물이 났다. 그럴 때, 잡스는 포근히 어머니를 안아주었다.

잡스에게는 딸이 있었다. 이름이 리사 브레넌이었다. 그녀 어머니는 크리산이었다. 잡스가 팰로앨토 넥스트 작업실에서 일할 때, 크리산의 집은 사무실 근처에 있었다. 잡스는 틈나면 리사를 보러 그 집에 들렀다. 때로는 리사를 사무실로 데려와서 식당으로 가 리사가 좋아하는 닭고기를 시켜주었다. 잡스가 일본으로 여행 갈 때 리사를 데려갔다. 호사스런 호텔에서 잡스가 최고로 좋아하는 장어 초밥을 둘이서 맛나게 먹었다. 리사는 포근하고 너무나 인간적인 정이 넘치는 이 순간을 잊지 못한다. 그러나 잡스의 성격은 극과 극으로 움직인다. 뜨거운 순간과 냉담한 순간이 시도 때도 없이 교차한다. 리사도 마찬가지였다. 잡스를 따르다가도 순간 멀어진다. 그래서 둘 사이는 오랜 세월 엎치락뒤치락 반복을 계속했다. 잡스는 자신의 경우처럼 되어버린 리사 모녀를 평생의 아픔으로 여겨왔다. 그래서 리사에게는 각별한 신경이 쓰이는 것이었다. 잡스는 고등학교를 졸업하고 크리산 브레넌과 산장에서 함께 살았다. 1974년 잡스가 인도에서 돌아오자 이들은 로버트 프리드란드 농장에서 함께 지냈다. 그들이 로스알토스에 자리 잡았을 때, 잡스는 아타리에서 일했고, 크리산은 선(禪) 센터에서 시간을 보냈다. 1975년 그녀는 잡스의 친구 그레그 칼훈과 친해졌다. 그녀는 그레그 곁에 있다가 스티브한테 오는 이중생활을 했다. 이런 일은 당시 흔히 있는 일이었다. 1975년 그녀는 그레그와 단짝이 되어 이듬해 함께 인도로 가기로 마음먹었다. 잡스는 말렸지만 그들은 떠났다. 그들은 인도에서 1년 동안 있었다. 한때, 돈이 떨어져서 그레그는 테헤란에서 영어를 가르쳤다. 그녀는 미국으로 돌아와서 천막 생활을 했다. 잡스는 월 600달러 월세 집에서 대니얼

콧키와 함께 생활했다. 대니얼과의 생활도 불안정했다. 크리산 브레넌이 이 집으로 들어왔다. 이들은 합숙을 시작했다. 그러다 보니 브레난이 임신을 했다. 잡스와 결혼 이야기는 없었다. 두 사람 나이는 23세였다. 잡스와 브레넌의 관계는 냉각되었고 둘은 격렬하게 싸웠다. 1978년 5월 17일 브레넌은 리사를 낳았다. 두 사람의 분쟁이 시작되었다. 잡스는 마침내 친자 확인 검사까지 받았다. 리사는 자신의 딸이었다. 잡스는 양육비로 매달 385달러를 보냈다. 이 일이 있은 다음, 잡스는 생활을 일신했다. 약도 끊고, 외모도 가꾸고, 양복도 차려입고, 생활에 규율을 잡았다.

잡스는 여자에 약했다. 사랑의 낭만에 쉽게 빠져들었다. 1983년 여름, 바에즈와 함께 참석한 만찬 모임에서 펜실베이니아대학교 학생 제니퍼 이건을 만나 사랑에 빠졌다. 이들의 격렬했던 사랑은 1984년 제니퍼가 스스로 물러나면서 불길이 잦아들었다. 이듬해 4월 잡스는 금발의 미녀 티나 레지를 애플 재단에서 만났다. 잡스는 티나를 세상에서 제일 아름다운 여성이라고 격찬했다. 다음 날, 잡스는 그녀를 식사에 초대했다. 그녀는 사양했다. 그녀는 남자 친구가 있다고 말했다. 그러나 잡스는 막무가내였다. 잡스의 집요한 구애에 티나는 굴복했다. 그녀는 잡스의 연인이 되어 5년간 꿈같은 사랑이 계속되었다. 1989년 잡스는 티나에게 결혼하자고 말했다. 그런데 티나는 결혼에 반대했다. 티나는 잡스의 착한 아내가 될 수 없다는 것을 이미 알고 있었다. 인생과 예술의 가치관이 서로 달랐기 때문이다. 잡스와 헤어진 티나는 다른 남자를 만나 결혼해서 두 자녀를 얻었지만 파경의 고통을 겪었다. 잡스는 계속 티나를 사모했는데, 결혼한 후에도 그리움은 여전했다. 잡스가 암 투병할 때, 티나는 그를 문병했다. 잡스와의 결혼은 성사되지 않았지만, 티나는 자신을 사랑했던 잡스를 잊지 못했다. 잡스는 병상에서 티나의 하얀 손을 잡고 하염없이 눈물을 흘렸다.

티나와 결별한 잡스 앞에 1989년 10월 새로운 여인이 나타났다. 스탠퍼드 경영학 교실에서 잡스가 강연하는 날이었다. 그 학교 경영대학원 학생 로렌 파월이었다. 그녀는 잡스의 맞춤형이었다. 배짱이 두둑한 강한 성격, 정신적 초월성, 좋은 교육을 받고 뛰어난 독립심, 가정적 성격, 금발에 가득 찬 유머 감각 등이다. 잡스는 그녀를 보고 즉시 공세를 취했다. 그날 저녁 식사에 초대한 것이다. 시원한 가을 저녁이었다. 팰로앨토의 채식 식당 '세인트마이클스 앨리'로 갔다. 네 시간 그곳에 머문 후, 이들 두 남녀는 평생을 함께 살게 되었다. 티나와 로렌은 잡스가 평생 사랑한 두 여인이었다.

로렌 파월은 1963년에 태어났다. 부친은 해병대 조종사였다. 부친이 해병대 영웅으로 사망하자, 어머니는 네 아이를 거느리고 재혼했다. 그들에게는 이때부터 악몽의 세월이었다. 이때 로렌은 자립의 정신을 익혔다. 그러기 위해서는 우선 돈이 있어야 했다. 펜실베이니아대학교를 졸업한 후, 그녀는 골드만삭스에서 근무했다. 충분한 경험을 쌓고, 그녀는 이탈리아 피렌체로 가서 8개월 살았다. 그런 다음 스탠퍼드 경영대학원에 입학했다. 1990년 잡스는 로렌에게 결혼 신청을 했다. 로렌은 수락했다. 12월 잡스는 로렌과 함께 그가 좋아하는 하와이 코나마을로 휴가 여행을 갔다. 그런데 그해가 다 가도록 결혼식은 거행되지 않았다. 그사이 잡스는 두 여인 사이에서 고민하고 있었다. 잡스는 여전히 장미꽃을 티나에게 보내고 있었던 것이다.

1991년 3월 18일 36세 스티븐 폴 잡스는 27세 로렌 파월과 요세미티 국립공원 '아화니 로지'에서 결혼식을 올렸다. 스티브의 양부 폴, 여동생 모나 등 50명의 하객들이 초청되었다. 그날 요세미티에는 눈이 펑펑 쏟아졌다. 선(禪) 스승 코분 치노가 주례를 맡고, 지팡이로 징을 치고, 향을 피우며 불경을 읊었다. 예식이 끝난 다음 모두들 요세미티 눈 내리는 산길로 하이킹 갔다.

결혼 후에 로렌은 식품 공급 회사 '테라베라'를 창업했다. 열네 살 된 리사는 잡스의 신혼집으로 들어왔다. 잡스는 리사가 어머니와의 문제로 학교 생활에 지장이 있다고 해서 담임의 권고로 집으로 데려온 것이다. 리사는 팰로앨토고등학교를 마치는 4년 동안 잡스의 집에 있었다. 이후, 리사는 집을 나와 친지의 집에 가서 살았다. 그동안 잡스의 아내 파월은 리사를 잘 돌봐주었다. 리사는 1996년 하버드대학교에 입학했다. 대학 시절 잡스와 리사 사이는 원만하지 못했다. 리사는 학자금을 잡스의 측근으로부터 빌렸다. 나중에 그 사실을 알고 잡스는 화를 냈지만 그 돈을 갚아주었다. 리사의 졸업식 때도 잡스는 가지 않았다. 리사가 부르지 않았기 때문이라고 잡스는 변명했다. 잡스는 70만 달러의 집을 사서 리사와 함께 살라고 크리산에게 주었는데 크리산은 집을 팔고 남자 친구와 파리로 갔다.

　1991년 파월은 아들을 낳았다. 리드 폴 잡스라고 이름을 지었다. 리드는 잡스가 다닌 대학교 이름이다. 1995년 딸 에린 시에나 잡스가, 1998년에는 딸 이브가 태어났다.

6
영화산업과의 만남

잡스와 월트 디즈니

월트 디즈니는 "다빈치 이래 그래픽 아트의 거장"이라고 평가된 제작자, 만화가, 애니메이터, 성우, 영화감독, 사업가, 월트디즈니사 공동 창업자(나머지 한 명은 로이 디즈니), 회장이었다. 그는 영화회사를 운영하면서 미키 마우스, 도널드 덕, 구피의 캐릭터를 만들어냈다. 미키 마우스의 최초의 목소리는 월트 자신이었다. 그는 〈비행기에 미치다〉 〈갤로핀 가우초〉 〈증기선 윌리〉 등 만화영화를 제작해서 대성공을 거두었다. 미키 마우스 영화는 한 달에 한 편 공급되어 세계적인 인기를 얻었다. 〈피노키오〉 〈백설공주〉 등의 만화는 어린이와 어른들의 마음을 사로잡았다. 1930년대 컬럼비아 영화사가 디즈니의 애니메이션 영화를 전 세계에 공급하면서 디즈니는 세계 전역에서 일대 선풍을 일으켰다. 디즈니는 영화에서 얻은 이익으로 1932년 학교를 설립하고 젊은 예술가 육성에 이바지했다. 그는 새로운 영화 기술을 개발하고, 새로운 도구와 장치를 영화계에 도입했으며, 디즈니 영화 〈꽃과 나무〉를 세계 최초로 총천연색 음악영화로 제작했고 그 공로를 인정받아 최초의 오스카 영화상을 수상했다. 디즈니 자신은 22개 아카데미상과 4개의 명예아카데미상을 수상했으며, 59회의 노미네이션으로 디즈니 영화는 전 세계 영화인과 관객의 사랑을 받았다. 그는 또한 7개의 에미상을 수상했다.

1950년대 중반, 스티브 잡스가 태어난 시기에 월트 디즈니는 새로운 미디어인 텔레비전으로 진출했다. 1954년 ABC 방송국과 장기 독점 계약을 체결하고 애니메이션 영화와 자연 기록 영화를 방영하는 〈디즈니랜드〉 프로그램을 방영했다. 이 프로는 시청률 41%였다. 7,500만 시청자 가운데서 3,080만 명이 이 프로그램을 본 셈이다. 디즈니는 회사의 총력을 기울여 새로운 도전을 시작했다. 가족을 위한 유원지 '디즈니랜드' 테마파크 건설이었다. 그는 이 아이디어를 두 딸이 회전목마를 타고 있는 것을 보고 착상했다고 한다. 1948년 스탠퍼드종합연구소에 의뢰해서 입지 조사를 했다. 로스앤젤레스 남쪽 40킬로미터 지점, 애너하임 근처 오렌지 농장 24헥타르를 구입했다. 처음 작성한 예산은 500만 달러였다. 그러나 실제로 건설비는 1,700만 달러가 되었다. 1955년 7월 17일 디즈니랜드 개장 장면이 텔레비전 생방송으로 전국에 방영되었다. 어른 1달러, 어린이 50센트의 입장료를 내고 처음 일주일 동안 입장한 관람객은 17만 명이었다. 미국 최초의 종합 오락 시설을 건설해서 월트 디즈니는 대성공을 거두었다. 미국은 베이비붐으로 1946년에서 1964년 사이에 탄생한 어린이가 7,640만 명에 달했다. 그 아이들이 하루 1만 명씩 부모와 함께 디즈니랜드로 쏟아져 들어왔다. 1957년 12월 31일 디즈니랜드는 1천만 명 입장객을 기록했다. 당시 입장객 한 사람이 쓴 돈을 평균해서 보면 입장료 2달러 70센트, 음식물 2달러, 선물 18센트로 회사의 수익은 거액에 도달했다. 디즈니랜드는 미국만이 아니고 세계적인 관광지가 되었다. 1959년 디즈니랜드 입장객은 500만 명이었다. 그 숫자는 미국 최고의 관광지 옐로스톤, 그랜드캐니언, 요세미티 국립공원 관광객 전부를 합친 수보다 많았다.

월트 디즈니 프로덕션은 매년 흑자 경영이었다. 디즈니의 로고가 모든 면에서 상승 효과를 일으키고 있었다. 제작한 텔레비전 프로그램이 1950년대 이미 500편을 넘었다. 테마파크도 계속 대성황이었다. 1958년 월트 디즈니는 '디즈니월드' 건설 계획에 착수했다. 1965년 건설 지역을 플로리다 올랜드로 정하고, 그 지역 1만 1천 헥타르 습지를 약 500만 달러로 매입했다. 월트 디즈니는 이곳에 새로운 형태의 가족 유원지를 만들 계획이었다. "이것은 본인이 과거 42년간 매달린 사업 가운데 최대의 것입니다. 이것이 완성되면, 교육에 도움이 될 것입니다. 가족의 유대가 강화될 것입니다. 지역사회와 나라의 자랑이 될 것입니다." 디즈니는 이렇게 말했다. 디즈니월드는 월트가 사망한 후인 1971년 문을 열었다. 건축비 4억 달러가 소요된 디즈니월드에는 도시계획의 미래상을 엿볼 수 있는 리조트 시설과 호텔, 에프코트센터가 부설되어 있었다. 이 센터는 월트 디즈니가 역점을 둔 세계 각국의 특징을 살린 박람회와 미래 교육 시설이었다. '디즈니월드' 개관 한 달 후인 1971년 12월 20일, 월트의 형제요 공동 창업자 로이 디즈니가 심장마비로 사망했다. 회사는 돈 테이텀, 카드 워커, 론 밀러에 의한 공동 관리가 되었다. 1979년 디즈니는 파라마운트 영화사와 공동 제작 방식을 취하면서 새로운 차원의 영화 제작 방식을 필요로 했다.

월트 디즈니사는 통칭 '디즈니'로 알려져 있다. 디즈니는 다국적 매스미디어 오락 산업 총체로서 캘리포니아 버뱅크, 월트 디즈니 스튜디오 건물에 본부가 있다. 디즈니는 1923년 10

월 16일 '디즈니 형제 카툰 스튜디오'로서 출발했는데, 미국 애니메이션 산업의 선구자였다. 이 회사는 영화 산업, 텔레비전, 테마파크 사업으로 분화되고 있다. 이 회사는 월트 디즈니 스튜디오, 월트 디즈니 프로덕션으로도 알려지고 있으며, 1986년 출판과 온라인 미디어 등으로 확대되었다. 디즈니는 ABC 방송국, 디즈니 채널, ESPN, A+E Networks, ABC Family와 전 세계 14개 테마 공원, 다우존스 산업회사, 만화 제작회사 미키마우스 등을 운영하고 있다.

1984년부터 2005년까지 아이스너 시대가 된다. 시드 배스 가문이 디즈니 주식 18.7%를 보유하면서 파라마운트 영화사로부터 마이클 아이스너를 CEO로, 프랭크 웰스를 회장으로 영입했다. 아이스너는 영화 산업에 역점을 두었다. 디즈니는 스튜디오 회장 제프리 캐천버그가 1993년 미라맥스 영화사를 병합하면서 성인 영화 제작을 시작했다. 카젠버그는 프랭크 회장이 1994년 헬리콥터 사고로 숨지자, 디즈니를 사임하고 '드림웍스'를 설립했다. 그는 잡스와 '픽사' 계약을 체결한 주역이었다. 디즈니와의 이 계약은 2004년 12년 계약이 종료되었다.

픽사 컴퓨터와 영화 제작

잡스는 평소에 월트 디즈니의 문화예술 업적과 그의 디자인 감각을 존경했다. 잡스는 자신이 투자해서 만든 '픽사'와 디즈니 영화는 서로 연때가 맞는다고 생각했다. 1986년 1월 잡스는 '픽사'에 1천만 달러 투자해서 주식 70%를 인수하고, 나머지 주식은 에드 캣멀, 앨비 레이 스미스, 그리고 38명의 기술자와 직원들에게 배당했다. 처음에는 잡스가 에드와 앨비에게 운영을 일임했다. 매달 한 번 이사 모임에서 잡스는 재정을 살피고 전략을 짰는데, 점차 '픽사' 일에 적극성을 발휘했다.

월트디즈니사가 '픽사'의 애니메이션 시스템에 대해 라이선스 계약을 맺고 최대 고객이 되었다. 디즈니 영화 담당 책임자 캐천버그는 어느 날 잡스를 자신의 영화사로 초대했다. 디즈니 영화사를 한 바퀴 돌아본 후, 잡스는 디즈니와 영화 일을 함께 하고 싶다고 말했다. 캐천버그도 좋다고 말했다. 협약이 이루어지고, 이들 합작에 의한 영화에 잡스의 '픽사'가 디즈니의 상호와 함께 나란히 찍히게 되었다. 잡스는 이 일을 아주 중요하게 생각했다. 잡스는 영화 산업에서 놀라운 성공을 성취했다.

7
잡스의 귀환

애플 복귀

1998년 넥스트 컴퓨터가 출시되었고 고객들은 흥분했다. 그러나 잡스의 관심은 컴퓨터 하드웨어보다는 영화 산업에 있었다. 잡스가 애플을 물러난 후 몇 년간 애플은 순조롭게 성장했다. 그러나 1990년대 들어서서 애플의 매상은 기울기 시작했다. 스컬리의 인사 난맥이 애플을 망가뜨렸다고 잡스는 개탄했다. 1995년 크리스마스 휴가로 하와이에서 지낼 때, 잡스는 래리 엘리슨과 애플 재탈환을 의논하고 있었다. 1996년 애플의 점유율은 1980년대 후반 16%에서 4%로 하락했다. 주가는 1991년 70달러에서 14달러로 하락했다. 애플은 안정적인 경영이 필요했다. 애플은 넥스트의 지원이 필요했다. 그런데 넥스트도 위기였다. 애플이 사주면 여간 고마운 일이 아니었다. 1996년 12월 2일 잡스는 애플 본사로 갔다. 이임 후 처음이었다. 그는 애플에서 간부들 앞에서 강연을 했다. 넥스트가 애플의 생명줄이라고 말했다. 사실은 애플이 넥스트의 생명줄이었다. 1996년 애플은 넥스트를 4억 2,700만 달러로 매입했다. 이 협상은 1997년 2월에 공식화되었다. 1996년 12월 20일 잡스는 애플 250명 직원들 품으로 다시 돌아왔다.

잡스가 제일 먼저 한 일은 자신의 심복을 요직에 앉히는 일이었다. 그가 없는 사이 애플은 혼수상태에 빠져 있었다고 잡스는 생각했다. 복귀 초에 고문직으로 취임한 잡스는 1997년 길 아멜리오 사장을 밀어내고 자신이 애플의 총수가 되었다. 12년 만의 복귀였다. 그리고 자신에게 반기를 들었던 마이크 마큘라 같은 중역을 위시해서 반대 세력과 무능한 직원들을 해고하고, 상당수의 사내 프로젝트를 중단했다. 잡스는 '리사' 제작 팀의 실패를 거론하며 정면으로 이들을 공박했다. 이들 팀원들은 격하되고 정리되었다. 이 조치에 대해서 일부 사원들은 불만이었다. 그들은 열심히 일했고, 유능한 기술자였다는 평가 때문이다. 잡스는 회사를 키우려면 때로는 혹독한 수단을 써야 한다고 말했다. 1998년 3월 스컬리가 주도했던 터치스크린식 포터블

소형 컴퓨터 '뉴턴'을 위시해서 '사이버독', '오픈독' 계획을 전면 중지시켰다. 검은색 터틀넥 셔츠를 입은 잡스는 연단에 올라가서 전 직원에게 애플의 문제가 무엇이냐고 다그쳐 물었다. 잡스는 생산품 때문이라고 스스로 답변했다. 생산된 물건이 썩어서 '섹스'가 없어졌기 때문이라고 말했다. 옛 동료들 가운데 워즈니악과 앤디 허츠펠드는 살아남았다.

잡스와 게이츠의 악수

잡스는 1997년 8월 '맥월드' 회의에서 애플을 재건하기 위해 마이크로소프트와 손을 잡겠다고 공언했다. 이 발언은 매스컴에 크게 보도되었다. 그동안 두 회사는 충돌하고, 싸우고, 경쟁하고 있었기 때문에 직원들도 충격이었다. 게이츠의 재정 담당 그레그 마페이가 팰로앨토 잡스 본거지에 그를 만나러 왔다. 두 회사의 합작 방식을 논의하기 위해서였다. 잡스는 중요한 회담은 언제나 정원을 거닐면서 한다. 그날은 맨발로 걸었다. 잡스는 두 회사가 합작해서 일하면 세상은 더 좋아진다는 신념을 계속 피력했다. 협상은 순조롭게 진행되었다. 애플 주가는 6달러 56센트로 치솟았다. 잡스는 과거 그의 창조 분야에서 일했던 리 클로를 불러들였다. 클로와 그의 팀은 잡스 일에 열심히 참여했다. 디자인 팀에 조너선 아이브가 가담했다. 그는 1992년 애플 디자인 팀에 와서 1996년 팀 리더가 되었지만 잡스 후임으로 온 애플 사장 아멜리오는 디자인에 대해서 큰 관심이 없었다. 그와는 반대로 잡스는 디자인에 집중하면서 아이브의 예술과 창조력에 깊이 의존했다. 스티브와 아이브는 컴퓨터 디자인, 말하자면 '패키지'에 심혈을 기울였다. 패키지는 컴퓨터의 무대이면서 그 내용이라는 것이 아이브의 신념이었다. 최초의 잡스-아이브 공동 작품은 1998년 5월에 출시된 '아이맥(iMac)'이라는 희한한 물건이 된다. 값도 1,200달러로 낮췄다. 케이스는 오스트레일리아 바다의 감청빛으로 마감했다. 반투명체 플라스틱 소재여서 기계 내부가 들여다보이면서 컴퓨터의 내부와 외부가 일체감을 이루었다. 아이브와 그의 팀은 이 매력적인 케이스를 만들기 위해 한국 제조회사의 힘을 빌리기도 했다. 놀라운 일이었다. 케이스 가격만 60달러였다. 보통 컴퓨터 케이스의 세 배 되는 비용이었다. 잡스는 나중에 케이스 색에 네 가지 다른 색으로 변화를 주었다. '아이맥'은 "남과 다르게 생각하자"는 잡스의 경영 철학을 실천으로 옮긴 작품이었다.

잡스가 가장 존경하는 음악가 밥 딜런은 잡스를 초대해서 두 시간 동안 얘기를 나눈 적이 있다. 한번은 딜런 콘서트가 있는 날, 딜런은 잡스를 만나 어떤 노래를 제일 좋아하냐고 물었다. 잡스가 〈One Too Many Mornings〉라고 말했더니, 콘서트에서 딜런이 그 노래를 불렀다. 콘서트가 끝난 다음 딜런은 지나가는 길에 차창 문을 열고 잡스에게 그 노래는 당신을 위해 불렀다고 말했다. 잡스는 감동을 받고, 딜런이 부른 노래 700곡을 모조리 한데 묶어서 제작한 다음 아이튠스 스토어에서 199달러에 판매했다. 이 때문에 딜런의 노래가 전국적으로 젊은이들에게 널리 파급되었다.

잡스는 음악이 앞으로 판을 칠 거라고 예상했다. 다른 회사들은 벌써부터 음악 애플리케이션을 만들고 있었다. 휴대용 음악 연주기가 있어야 했다. 2001년 10월 23일 잡스는 연단 위에 올라 호주머니에서 반짝이는 작은 전자기기를 꺼냈다. "이 마술 상자는 수천 가지 노래를 갖고 있습니다. 호주머니에 쑥 들어가죠." 그것은 399달러짜리 '아이팟(iPod)'이었다. 그 가격에도 소비자들은 '으악' 소리 지르면서 음악에 열광했다. 이 기기는 2012년 9월까지 3억 5천만 세트가 세상에 팔려나갔다. 애플은 나이키와 공동으로 '나이키+아이팟 스포츠 키드 장비'를 출시해서 운동 때 활용토록 했다. 이어서 소프트웨어 '아이튠즈(iTunes)', '아이튠즈 스토어' 등 음악 기기 제조와 판매가 대성황을 이루었다.

그러나 여전히 문제는 남아 있었다. 새 음악을 받아들이는 장치가 복잡했다. 그리고 음악 무단 복제가 일상화되었다. 2002년 음악 CD 판매는 폭삭 주저앉았다. 음악 제조 및 유통 회사들은 잡스를 만나러 왔다. 잡스는 '아이튠즈 스토어'를 열어 음반회사들이 노래를 판매하는 방안을 제시했다. 2003년 4월 28일 잡스는 샌프란시스코에 '아이튠즈 스토어'를 열었다. 잡스는 2003년 10월 아이튠즈를 윈도우즈에 접속시켰다. 밥 딜런, 비틀스, 바에즈, 보노 등의 음악을 컴퓨터에서 들을 수 있게 되었다. 2011년 3월 '아이팟 2'가 출시되었을 때, 잡스는 자신이 좋아하는 음악을 잔뜩 집어넣었다. 특히 피아니스트 글렌 굴드가 연주한 바흐 음악은 그가 특히 좋아하는 것이어서 친구들 만나는 자리서 자주 기기를 꺼내 틀었다. 연이은 애플의 성공은 이 회사를 세계 최고 수준의 전자기기 회사로 발전시켰다. 스탠퍼드대학교 졸업식장 상공에는 잡스가 연설할 때, "잡스, 크게 놀아라!"라고 쓴 대형 배너가 나부꼈다.

잡스와 팀 쿡

잡스의 애플 첫 라운드는 성공이었다. 그러나 그가 경영 선두에 나설 것인가에 대해서는 의견이 분분했다. 그의 '초점' 중심 경영은 여전했지만, 그 축이 낭만주의자에서 현실주의자로 옮긴 것이 가장 큰 변화였다. 잡스가 자질구레한 일에까지 간섭하기 때문에 고위직 간부들이 자리를 뜨고, 그럴수록 잡스의 1인 경영 체제가 더욱더 강화되었다. 1998년 잡스는 37세의 팀 쿡을 만났다. 그는 이윽고 잡스의 최측근 인물이 되었고, 2011년 1월 잡스 뒤를 이어 애플의 최고경영자(CEO)가 되었다. 2012년 그는 100만 달러의 상여금을 받았다.

그는 앨라배마 주 모바일에서 태어났다. 부친은 선박회사 직원이요, 모친은 약방에서 근무했다. 쿡은 로버즈데일고등학교를 졸업하고, 1982년 오번대학교에서 산업공학으로 학위를 얻었다. 1988년 듀크대학교 경영대학원에서 MBA 학위를 받았다. 2015년에는 조지워싱턴대학교에서 명예박사 학위를 받았다. 오번대학교를 졸업한 후에 그는 12년간 IBM에서 컴퓨터 관련 일을 했다. 쿡은 잡스의 요청을 받고 1998년 애플에 입사했는데, 잡스와 5분간 만나서 얘기하고 애플에 들어가기로 결심했다. 그는 애플 취업이 일생일대의 기회라고 단정했다. 쿡은 애플 납품 업자 수를 백에서 스물넷으로 줄였다. 19개 창고를 10개로 줄였다. 컴퓨터 제작 기간도 줄였다. 쿡의 합리적인 일처리로 경비가 줄어들어 막대한 회사 이익을 거둘 수 있었다. 잡스는 그의 탁월한 능력을 일찍부터 예상하고 있었다. 2009년 이후 쿡은 CEO로 승진하여 잡스가 해외 출장 중이거나 건강

상 이유로 직무를 수행할 수 없을 때 그의 자리를 대신 지켰다. 2011년 8월 24일 잡스의 공식 휴무는 쿡의 전권 행사를 가능케 했다. 다만, 중요한 사안에 대한 최종 결정권은 여전히 잡스가 행사하고 있었다. 잡스와 쿡의 협조적 경영은 1998년 60억 달러에서 2015년 1천억 달러의 회사 실적을 성취했다. 2012년 타임지는 쿡을 '세상에서 가장 영향력 있는 100명'에 포함시켰다.

쿡은 운동에 민감하다. 등산, 자전거, 헬스 센터에 시간 내서 몰두한다. 그는 미혼이다. 새벽 4시 30분에 일어나서 이메일을 보낸다. 그리고 헬스 센터로 간다. 6시에 회사에 출근한다. 매주 일요일 저녁에 회의를 소집한다. 쿡은 회사 일을 조용히 진행한다. 그는 얼굴에 표정이 없다. 자선 모금 활동도 벌이고 있다. 2009년 그는 자신의 간을 일부 잡스에게 이식했다. 두 사람은 희귀 혈액 보유자이다. 잡스는 한사코 반대했었다. 2014년 10월 앨라배마 아카데미는 쿡에게 앨라배마 시민에게 주는 최고상인 '아카데미상'을 수여했다. 쿡의 연봉은 2015년 현재 922만 달러이다. 쿡은 6억 6,500만 달러 상당의 애플 주식을 소유하고 있다. 2015년 3월 그는 모든 재산을 자선 행위에 기부한다고 공언했다. 2015년 7월 1일 현재 쿡은 듀크대학교 이사로 재임하고 있다.

8
그가 남긴 것

────────

잡스의 건강 악화

잡스는 그가 1997년 애플과 픽사를 운영할 때 쌓인 과로가 병의 원인이었다고 생각했다. 2003년 10월 의사는 그에게 신장과 요관(尿管) CAT검사를 권했다. 검사 결과 신장에는 이상이 없었는데, 췌장에 검은 그림자가 발견되었다. 의사는 이 부분의 진단이 필요하다고 말했다. 진단 결과 종양이 발견되었다. 의사는 수명이 얼마 안 남았다고 말했다. 그러나 조직 검사 결과 종양은 성장이 느린 것으로서 치료가 가능하다는 진단이 나왔다. 외과 제거 수술로 건강을 되찾을 수 있다고 믿었다. 그러나 잡스는 9개월 동안 완고하게 수술을 반대했다. 2004년 7월 스캔

검사에서 종양이 커져서 확산된 기미가 잡혔다. 그해, 7월 31일 스탠퍼드 메디컬 센터에서 수술을 받았다. 잡스의 다이어트와 금식 습성이 건강 회복에 악영향을 미쳤다. 병원은 잡스에게 육류를 포함한 영양식을 적극 권했다. 잡스는 이 권고를 무시했다. 그는 2주간 병원에 있다가 퇴원했다. 6개월 만에 건강을 되찾은 것으로 알았다. 그러나 착각이었다. 암은 악화되었다. 9개월 전에 수술 받았으면 충분히 제거될 수 있는 종양이었다.

잡스는 주변 사람들에게 암을 극복했다고 말했다. 2005년 6월 스탠퍼드대학교는 그에게 입학식 축사를 부탁했다. 그는 직접 원고를 썼다. 리드대학 중퇴 이야기, 애플에서 밀려난 일이 오히려 그에게 보약이 된 일, 죽음을 앞둔 심정 등을 아내 파월의 도움을 받아가면서 담담하게 써나갔다. 2005년 암 수술을 받은 잡스는 50세가 되었다. 그해, '아이팟'은 2천만 대가 판매되는 놀라운 기록을 세웠다. 2007년 1월 '아이폰(iPhone)' 발표회가 열렸고, 7월 말 아이폰이 시판되었다. 이후 8년간 아이폰은 5억 대가 팔렸다. 놀라운 성공이었다. 어떻게 이런 일이 가능한가. 해답은 잡스가 내세운 일곱 가지 행동 원리에 있다. 카마인 갈로의 저서 『스티브 잡스의 혁신 비결(The Innovation Secrets of Steve Jobs)』(2011) 속에 그 비결이 설명되어 있다.

잡스의 일곱 가지 성공 비결

1. 당신이 좋아하는 일을 하라. 잡스는 이런 마음으로 인생을 바쳤다.

2. 이 세상 우주에 당신의 흔적을 남겨라. 그의 열정은 애플 로켓을 발사했다.

3. 머리를 써라. 창조력을 발휘하라. 창조력이 없으면 혁신은 불가능하다.

4. 제품을 파는 것이 아니다. 꿈을 파는 것이다. 소비자는 꿈을 갖고 있다. 잡스는 그들의 꿈을 성취하기 위해 제품을 만든다.

5. 천 가지 일에 "No"라고 말하라. 혁신은 불필요한 것을 제거하면서 필요한 것을 궁극적으로 확보하는 일이다. 복잡성의 목표는 단순화이다.

6. 미친 듯이 황홀한 체험을 만들어라. 잡스는 '애플 스토어'를 통한 단순화 혁신으로 소비자들과 깊고 오래 지속되는 연결 고리를 만들어냈다.

7. 메시지를 성취하라. 잡스는 탁월한 '이야기꾼'이었다. 제품을 예술품으로 만드는 일에 성공해도, 소비자들을 흥분시키지 못하면, 혁신은 물거품이 된다.

카마인 갈로는 일곱 가지 원리를 강조하면서 이렇게 말했다, "미켈란젤로나 잡스나 남이 보지 못하는 것을 보았다. 미켈란젤로는 대리석을 보면서 다비드 상(像)을 보았다. 스티브 잡스는 컴퓨터를 보면서 인간의 능력을 개방하는 기구를 보았다."

2008년 잡스의 암은 번지고 있었다. 큰 문제는 그의 식성 때문에 체중이 준다는 것이었다. 채식주의자인 그는 홍당무와 레몬 샐러드, 사과 등을 주식으로 삼으면서 때로는 단식을 했다. 그의 식사와 건강 문제는 2008년 3월호 『포천』에 특집으로 기사화되면서 사회적인 관심사가 되었다. 2009년 1월 14일 잡스는 병가(病暇)로 사무실을 떠났다. 2009년 3월 21일 테네시주 멤피스에 위치한 메소디스트 대학병원 이식 전문 병실에서 장기 이식 수술을 받고 병이 한동안 호전되었다. 2009년 5월 말 그는 자가용 비행기로 새너제이 비행장에 도착해서 귀가했다. 잡스는 집에 돌아온 기쁨에 넘쳐 있었다. 가족들은 서로 얼싸안았다. 잡스의 공식석상 재등장은 9월 9일 가을 음악회 자리였다. 관중들은 그가 입장할 때 1분간 기립 박수를 보냈다.

예수님의 태블릿 아이패드와 오바마 대통령과의 만남

2010년 초, 그는 원기를 회복했다. 그는 다시 평소 하던 일을 시작했다. 2010년 1월 27일 샌프란시스코에서 '아이패드(iPad)' 발표회가 있었다. 아이폰을 한때 "예수님의 아이폰"이라고 했었는데, 이번에는 『이코노미스트』지가 "예수님의 태블릿"이라고 격찬했다. 발표회에 옛날 친구들, 동업자들, 가족들, 여동생 모나 등 수많은 친지들을 초대했다. 그는 발표회 석상에서 평생 강조하던 말을 되풀이했다. "애플이 성공할 수 있었던 것은 기술과 인문 예술의 접합 때문입니다."

발표회 다음 날, 잡스는 침울했다. 그는 24시간 동안 800통의 이메일을 받는데, 아이패드에 대한 불만이 폭발하고 있었다. USB 코드가 없다느니, 또 무엇이 없다느니…… 불평불만의 연발이었다. 잡스는 보통 때 아무런 응답도 하지 않지만 이번만큼은 일일이 메일에 답변을 했다. 시간이 지나면서 불만은 누그러졌다. 아이패드는 팔리기 시작했다. 한 달 안에 아이패드를 100만 대 판매했다. 아이폰보다 두 배 빠른 속도였다. 2011년 3월, 9개월 후 1,500만 대가 판매되었다. 소비품 판매 역사상 최고 기록이었다.

2011년 3월 2일 '아이패드 2'가 발표되었다. 잡스는 새로운 디지털 시대에 대응하기 위해 '아이클라우드(iCloud)'를 2011년 6월 발표했다. 이 기기는 음악 연주, 비디오 영상, 전화, 태블릿 등 다양한 욕구를 충족시켜주는 일종의 디지털 허브였다. 잡스는 2001년 이 기기를 착상했었다. 2007년의 '아이폰', '애플 TV' 이후 획기적인 발전이었다.

2010년 가을, 백악관 집무실은 오바마 대통령 실리콘밸리 방문 때 잡스를 만나고 싶다는 뜻을 로렌 파월에게 전했다. 파월은 잡스에게 의향을 타진했다. 잡스는 만나고 싶지 않다고 했다. 파월이 만나야 한다고 아무리 설득해도 듣지 않았다. 할 수 없이 아들 리드가 설득에 가담해서 겨우 승낙을 얻어냈다. 잡스는 오바마 대통령과 45분간 면담을 했다. 그는 대통령에게 미국이 사업하기 좋은 나라가 되려면 규제를 풀어야 한다고 말했다. 또한 교육제도가 교원 노조 규정 때문에 절망적인 상태라고 비판했다. 교사들은 공장의 직공이 아니기 때문에 전문직으로 대우를 받아야 한다고 주장했다. 교장의 인사권도 강화되어야 한다고 말했다. 서적과 모든 교육 자료는 디지털화되어야 한다고도 말했다. 그는 하고 싶은 말을 솔직하게 속사포 쏘듯 전했다. 그는 오바마 대통령과는 이후에도 여러 번 전화 통화를 할 만큼 친숙해졌다.

말기에 접어든 잡스, 그가 이룬 성공 신화

잡스는 하고 싶은 아이디어가 넘쳐나고 있었다. 그러나 2011년 7월 암은 뼈와 몸의 다른 부위에 전이되었다. 고통이 심했다. 더 이상 일을 할 수 없었다. 그는 음식을 거의 섭취하지 않았다. 병상에 누워 텔레비전만 보고 있었다. 2011년 8월 24일 잡스는 애플의 최고경영인 직을 사임하는 공식 발표를 했다. 측근 몇 명과 함께 차고에서 시작한 회사가 2012년 9월 29일 통계에 따르면 전 세계적으로 정규직 72,800명, 비정규직 3,300명이 일하는 기업으로 발전했다. 애플의 해외 본부는 아일랜드 코크(Cork)에 자리 잡고 있다. 2015년 3월 현재 애플은 16개국에 453개 점포를 갖고 있으며, 39개국에 온라인 점포가 가동되고 있다. 4만 3천 명 미국 애플 직원 가운데 3만 명은 애플 스토어에서 일하고 있다. 잡스는 이들 사원들이 애플의 최대 경영 자원이라고 믿고 따뜻하게, 치밀하게 관리했다.

1976년 애플 창립 후, 세월이 흘러 2011년 8월 9일 애플 시가총액은 3,415억 달러로 상승했다. 석유 기업 엑슨모빌에 앞서는 세계 제1대 기업이 되었다. 그날 종가(終價) 시가총액은 애플이 3,467억 달러, 마이크로소프트가 2,143억 달러, 구글이 1,851억 달러였다. 1998년 말 시가총액은 마이크로소프트가

3,446억 달러, 구글이 100억 달러, 애플이 55억 4천만 달러였다. 애플은 치열한 싸움에서 이기고, 잡스는 승리했다. 애플은 음악 플레이어, 휴대전화 설계, 태블릿의 인터페이스 설계로 컴퓨터 업계를 휘어잡았다. 잡스로 인해 음악회사, 휴대폰 제조회사, 모바일 통신업자, 영화회사, 방송국 등 분야에 변혁이 일어났다. 하드웨어와 소프트웨어 양 칼잡이 경영이 현실이 되었다. 구글도, 아마존도 모두 애플의 수직 통합 모델을 채용하면서 성공했다. 아마존의 전자책 디바이스 '킨들'이 그 본보기가 된다. 잡스의 성공 가운데 **빼놓을** 수 없는 것은 후계자 양성이었다. 팀 쿡의 최고경영자 지명은 그 대표적인 예라 할 수 있다. 잡스가 사망하기 전, 애플에는 '애플 유니버시티'라는 사내 프로젝트가 있었다. 이것은 애플 직원의 교육 프로그램이었다. 그 교육의 핵심은 잡스의 정신과 방법이었다.

스티브 잡스의 죽음

잡스는 2011년 10월 5일 오후 3시 캘리포니아 주 팰로앨토 자택에서 숨을 거두었다. 아내와 자녀들과 여동생 모나가 임종을 지켜보았다. 2011년 10월 7일 가족장이 치러지고, 8일 매장되었다. 당시 친모 조앤은 병원에 있었다. 그녀에게 아들의 죽음은 전달되지 않았다.

　애플 컴퓨터회사는 그의 사망을 공식적으로 발표했다. 애플과 마이크로소프트는 조기를 게양했다. 디즈니의 모든 단체와 기관에도 조기가 게양되었다. 애플 직원들의 추도식이 2011년 10월 19일 쿠퍼티노 애플 본사에서 거행되었다. 존 그루버는 말했다. "잡스가 만들어낸 최고의 제품은 애플 상품이 아니라, 애플 그 자체이다." 게이츠는 추도사에서 잡스의 위업을 찬양했다. "잡스만큼 세상에 깊은 영향을 미친 사람은 많지 않다. 그의 영향은 앞으로 여러 세대에 걸쳐서 전해질 것이다. 잡스와 같은 시대에 살았던 행운을 얻은 우리들은 너무나 큰 명예를 얻은 것이다." 캘리포니아 주지사 제리 브라운은 2011년 10월 16일을 '스티브 잡스 데이'로 선포했다. 17일 스탠퍼드대학교 교회에서 추도식이 열렸다. 애플의 중역들, 컴퓨터회사 간부들, 미디어 관련 인사들, 교육계 인사들, 기타 사회 저명인사들, 잡스의 친구들, 정치가들, 잡스 가족들 등 수백 명의 초대받은 조문객들만이 참석했다. 스티브의 딸 에린은 촛불에 불을 붙였다. 리사는 시를 낭독했다. 모나 심프슨은 잡스의 임종에 관한 구슬픈 조사를 낭독했다. 로렌의 다음 인사말은 조문객들을 감동시켰다.

　"스티브는 현실에 사로잡히지 않았습니다. 반대로, 그는 현실에 없는 것을 상상하고 있었습니다. 그는 현실을 바꾸는 일에 매진했습니다. 그의 아이디어는 이론에서 추출한 것이 아니라 직관에서 얻은 것입니다. 그것은 진정한 정신의 자유에서 얻을 수 있는 것이었습니다. 이 때문에 그는 가능성에 대한 엄청나게 방대한 감각을 지니게 되었습니다. 그것은 그야말로 웅장한 가능성 감각입니다. 아름다움에 대한 스티브의 열정과 추악한 것을 못 견디는 그의 마음은 우리 가족들을 이끌어왔습니다.

스티브는 자연계의 원초적인 리듬에서 힘을 얻어야 했습니다. 땅, 언덕, 떡갈나무, 꽃밭 등입니다. 장엄한 자연은 스티브의 사고력을 웅장하게 만들었기 때문에 그는 언제나 크게 생각을 했습니다.

우리 아이들처럼 저도 어릴 때 아버지를 잃었습니다. 그런 일은 제가 바라는 일이 아니었습니다. 그런 일은 우리 아이들을 위해서도 절대로 바라는 일이 아닙니다. 그러나 태양은 떠오르고, 태양은 저물어갑니다. 태양은 슬퍼하고 감사하는 우리들 내일도 비춰줄 것입니다. 그래서 우리는 목적과 추억과 열정과 사랑을 지니고 살아갈 것입니다."

가수 보노는 스티브가 좋아했던 딜런의 노래 〈모든 모래 한 알(Every Grain of Sand)〉을 불렀다. 바에즈는 〈낮게 돌아라, 아름다운 꽃마차여(Swing Low, Sweet Chariot)〉를 노래했다. 첼

리스트 요요마는 바흐의 〈첼로 조곡 제1번〉의 서곡을 연주했다. 무겁고 슬픈 음악이 흐르는 가운데 추도식은 엄숙히 거행되었다. 참가자 모두에게 작은 갈색 상자가 전달되었다. 그것은 잡스의 마지막 선물이었다. 상자에는 파라마한사 요가난다의 저서『어느 요가 수도자의 자서전』이 들어 있었다. 10월 20일 마지막 추도 예배가 쿠퍼티노 애플 본사 광장에서 열렸다. 만 명의 직원들이 모였다. 전 세계 애플 공장의 기계가 멈췄다. 잡스의 측근들, 팀 쿡, 조니 아이브, 빌 캠벨이 조사를 읊었다. "잡스는 남이 못 보는 것을 보았다." "그는 카리스마, 열정, 찬란함이었다." "그는 아름다움과 순수함으로 승리를 거두었다." "오른쪽을 보세요, 왼쪽을 보세요, 당신의 앞을 보세요. 뒤를 보세요. 사방에 여러분이 있습니다. 결과가 말합니다. 이 모든 것을 해냈습니다." 추도식은 잡스의 찬양으로 넘쳐났다. 그리고 스티브 잡스가 했던 것처럼 앞으로도 할 일이 많다는 것을 명백히 했다.

잡스는 알타 메사 공원묘지에 아무런 표식도 없이 매장되어 있다.

미망인 로렌 파월의 자선 활동

로렌 파월 잡스는 현재 미국의 사업가요, '에머슨 공동체'

설립자이다. 이 단체는 교육, 이민법 개정, 사회 정의, 환경 보존을 위한 정책 입안을 추진하는 운동을 전개하고 있다. 파월은 또한 불우한 고등학생 대학 입시 준비를 돕는 '칼리지 트랙' 이사회 공동 설립자요, 이사장으로 재임하고 있다. '칼리지 트랙'은 팰로앨토, 새크라멘토, 샌프란시스코, 오클랜드, 로스앤젤레스, 뉴올리언스, 오로라 등지에 똑같은 시설을 갖고 있다. 파월은 고등교육 지원 기관인 '우다시티'와 국제관계협의회의 고문으로 활약하고 있다.

파월은 스티븐 잡스 트러스트를 관리하고 있다. 이 트러스트는 1억 3천에서 1억 4천의 월트디즈니 주식을 보유한 최대 주주이다. 디즈니는 2006년 잡스의 픽사 애니메이션 스튜디오를 인수하면서 87억 달러 상당의 주식 1억 3,100만 주식을 현금 대신으로 지불했다. 파월 재단은 이 디즈니사 주식 7.3%를 보유하고 있는 최대 주주이다. 2011년 잡스가 사망한 후, 주가는 두 배로 증식되었다. 잡스는 사망 시에 5,500만 애플 주식을 소유하고 있었다. 파월 자신도 3,850만 애플 주식을 소유하고 있다.

파월은 뉴저지 웨스트밀포드에서 성장한 후, 펜실베이니아대학교에서 1985년 경제학 공부를 하고, 1991년 스탠퍼드대학교 경상대학원에서 MBA 학위를 받을 정도로 기업 운영의 경륜을 갖추고 있다. 파월은 결혼 후 자신이 독립적으로 자연식물

회사 '테라베라'를 설립해서 운영했으며, 온라인 기구를 만드는 '아키에바'의 이사로도 재임하고 있다.

스티브 잡스는 생전에 공개적으로 자선 행위를 밝히지 않았다. 남이 알지 못하도록 은밀하게 병원 등에 엄청난 기부를 하고 있다는 소문이 돌고 있었다. 빌 게이츠나 워런 버핏처럼 '기부 약속'을 하지 않았다. 여전히 결혼반지를 끼고 인터뷰에 응하고 있던 파월은 기부 약속에 관해 말했다. "기부 약속 서명이 중요하지 않습니다. 기부 행위 그 자체가 중요하고, 어떻게 기부하느냐는 것이 보다 더 중요합니다."

파월은 1997년부터 교육 자선사업에 매진하고 있다. 저소득층 자녀들을 대학에 보내 학업에 집중시키고 실무 경험을 쌓도록 지원하고 있다. 파월의 이민법 개정 운동은 '칼리지 트랙' 운동에서 비롯되었다. 파월은 해외 입양아들이 초 · 중 · 고등교육을 이수하고도 대학에 진학 못 하고 방황하고 있는 것은 그들이 시민권을 얻지 못해서 주 정부나 연방 정부의 학자금 지원을 받지 못하기 때문이라는 것을 알게 되었다. 이후, 그녀는 이민법 개정 운동에 나서게 되었다. 파월은 1914년 아카데미상 수상 감독인 데이비스 구겐하임에게 이민법 문제를 다룬 기록영화를 조속히 제작해달라고 요청했다. 데이비스는 1년 반 걸린다고 말했다. 파월은 이민법 투표 전에 영화가 공개되어야 한다고 강조하면서 3개월 이내로 30분짜리 단편영화를 만들어달라고 재차 요청했다. 기록영화 〈꿈은 지금 실현되어야 한다〉가 완성되어 전국에서 상영되었다. 2015년 8월 파월과 구겐하임 감독은 출연진 청소년들과 그들의 가족들과 함께 워싱턴 국회를 방문해서 영화를 공개했다. 파월은 이민법 투쟁에서 단호한 입장을 취하고 있다. "나는 이들 가족과 함께 절대 포기하지 않습니다." 파월은 『뉴욕타임스』 기자에게 말했다. 파월의 교육 자선사업은 미국 내에 국한되지 않고 전 세계에 파급되고 있다. 특히, 아프리카 콩고 지역의 지원 사업은 다대한 성과를 거두면서 국제적인 찬사를 받고 있다.

로렌 파월이 미국 공립고등학교의 교육 혁신을 위해 5천만 달러(591억 원)를 기부했다고 2015년 9월 14일자 『뉴욕타임스』가 보도했다. 로렌 파월은 2015년 9월 현재 25조 4천억 원대 재산을 보유하고 있다. 로렌 파월은 기부를 하게 된 배경에 대해 "지금의 공립고교 교육 체계는 100년 전에 설계된 낡은 것이다. 우리가 바라는 교육이 이뤄지지 않고 있다"고 말했다. 그녀는 교육 전문가, 정책 전문가는 물론이고, 창업 전문가와 기업 컨설턴트까지 망라한 전문가 그룹에 현재의 고교 교과과정을 면밀하게 검토하게 한 다음 개선 방안을 내놓게 할 계획이라고 언명했다. 로렌 파월은 이번에 제시한 교육 지원 프로그램에 대해

'슈퍼스쿨 프로젝트'라는 이름을 붙였다. 스티브 잡스의 유지를 실천하는 로렌 파월의 기부 행진은 계속되고 있다.

세계를 연결하다,
마크 저커버그

©Brian Solis(wikipedia)

1
세계에서 가장 유명한 유대인

세계 최대 소셜 네트워킹 서비스(SNS)인 '페이스북'의 하루 이용자 수가 2015년 8월 27일 현재 11년 만에 10억 명을 넘어섰다. 지구인 일곱 명 중 한 명이 페이스북을 이용한 셈이다. 놀랍고도 놀랄 일이다. 서로 만난 적이 없더라도 SNS를 통해 친구가 될 수 있는 세상이 되었다. 이른바 '온라인 친구'가 생긴 것이다. 이 일을 성사시킨 마크 저커버그의 인생을 보면 그것은 당연한 귀결이요, 엄연한 현실이었다.

페이스북 발동을 걸고 회사를 시작한 마크 엘리엇 저커버그는 뉴욕 주 화이트 플레인스에서 1984년 5월 14일 탄생했다. 미국의 컴퓨터 프로그래머, 인터넷 기업가인 그는 페이스북 다섯 명 공동 창업자 가운데 한 사람이다. 현재 그는 페이스북 회사 회장이며, 최고경영자(CEO)이다. 2015년 현재 그의 재산은 386억 달러로 평가되고 있다. 그는 페이스북 최고경영자로서 봉급 1달러를 받고 있다.

그는 하버드대학교 시절에 친구 왈도 세브린, 앤드루 맥컬럼, 더스틴 모스코비츠, 그리고 크리스 휴즈 등과 함께 대학교 기숙사에서 페이스북을 발족했다. 이들은 페이스북을 국내 다른 대학교 캠퍼스에 알리면서 세(勢)를 확장하고, 캘리포니아 팰로앨토로 근거지를 옮겼다. 페이스북이 급성장하면서, 23세 마크는 억만장자가 되었다. 2010년 이래로 마크는 시사주간지 『타임』이 뽑은 세계 100명의 영향력 있는 인사 명단에 포함되었다. 2011년 『예루살렘 포스트』는 마크를 "가장 유명한 세계의 유대인" 제1위에 올려놨다.

고전을 좋아한 컴퓨터 신동

그의 부친 에드워드 저커버그는 치과 의사였다. 어머니 캐런 캠프너는 정신과 의사였다. 마크와 여동생 랜디, 도나, 아리엘은 뉴욕시 북부 10마일 지점 웨스체스터 카운티의 작은 마을 도브스 페리에서 성장했다. 유대인 가족의 규율을 벗어나 그는 무신론자가 되었다.

아즐리고등학교에서 고전학 공부로 우수한 성적을 얻었던 그는 뉴햄프셔 소재 필립스 엑스터 아카데미에 입학했다. 마크는 수학, 천문학, 물리학 등 과학 분야에서 상을 받은 수재였는데, 대학 지원서에 프랑스어, 헤브라이어, 라틴어, 고대 그리스어를 읽고 쓸 수 있다고 적었다. 그는 학교 펜싱부 소속이었으며, 대학 시절, 호메로스의 서사시 『일리아드』를 암기해서 낭송할 정도로 기억력이 출중했다.

마크는 중학교 시절부터 컴퓨터를 만졌다. 1990년대 아버지는 그에게 아타리 베이식 프로그래밍(Atari BASIC Programming)을 가르쳤다. 아버지는 아들의 교육을 위해 소프트웨어 전문가 데이비드 뉴먼을 가정교사로 채용했다. 뉴먼은 마크를 "신동"이라고 불렀다. 마크는 고등학교 때 이미 집 근처 머시대학에서 대학원 강의를 청강했다. 마크는 커뮤니케이션 툴(tool) 게임 프로그램을 만들어서 놀았다. 병원과 집을 연결하는 '저크넷' 프로그램을 만들기도 했다. 이 프로그램은 이듬해 그가 선보이는 'AOL's 인스턴트 메신저'의 원형이 되었다. '냅스터' 공동 창업자 숀 파커는 말했다. "마크는 그리스 고전 호메로스의 『오디세이아』에 통달했습니다. 로마시대 서사시 베르길리우스의 『아이네이드』 구절을 곧잘 인용하기도 했습니다." 마크는 고등학교 시절 '인텔리전트 미디어 그룹' 이름으로 '시냅스 미디어

플레이어'라고 불리는 음악 연주기를 만들었다.

페이스북의 싹을 틔운 하버드 시절

하버드대학 시절 마크는 컴퓨터 신동으로 이름이 났다. 그는 대학에서 심리학과 컴퓨터 공부를 했다. 2003년 9월 컴퓨터 과학 전공 2학년생이었던 그는 하버드대학 커클랜드 기숙사 33호실에서 화이트보드를 설치하고 수식을 연달아 쓰고 도표를 그리면서 연구에 몰두했다. 그러다가 갑자기 그는 책상에 놓인 컴퓨터를 응시하면서 몽상에 빠져들기도 했다. 연구가 진전되어 그는 '코스매치' 프로그램을 만들어냈다. 이 프로그램은 대학생들의 강의 과목 결정에 도움을 주었다. 컴퓨터를 클릭하면 수강자 리스트가 뜬다. 학생 이름을 클릭하면 수강 과목이 나타난다. 마크는 이때 사람과 사람을 연결하는 방법이 여러 가지 있다는 것을 알았다. '코스매치'는 학생들 간에 대인기였다. 마크는 용기가 나고 야망에 불탔다. 그는 그해 10월 '페이스매치'라는 프로그램을 만들어 사진을 보고 잘생긴 사람을 고르는 법을 하버드생들에게 알렸다. 그는 '페이스북스'라는 별도의 프로그램을 만들어 대학 캠퍼스에 유통시켰다. 이 프로그램은 기숙사 학생들 사진을 올린 것이다. 이 프로그램은 돌풍을 일으켜서 하버드 네트워크를 마비시킬 정도가 되었다. 일부 대학생들이 자신의 사진을 무단으로 올렸다고 항의하고, 하버드대학 학생 신문도 그 부당성을 지적했다. 마크는 대학 사문위원회에 소환되어 학생 윤리 규정 위반, 컴퓨터 안전 침해, 저작권 침해, 프라이버시 침해 등 죄목으로 고발되었다. 마크는 공식적으로 사과의 뜻을 밝혔다. 그러나 그는 사실상 물러서지 않았다. 2004년 2월 4일 '더페이스북(The facebook)'을 '더페이스북닷컴(the-facebook.com)'에 연동시켰다.

"더페이스북은 대학생을 소셜 네트워크를 통해 서로 연결시키는 온라인 디렉토리입니다. 하버드대학 관계자 여러분을 위해서 이 프로그램을 열었습니다. 더페이스북은 대학의 여러분들을 검색할 수 있습니다. 누가 어느 클래스에 누구와 함께 있는지 알려주는 기능을 갖고 있습니다. 친구의 친구를 표시하는 기능도 합니다. 자신의 소셜 네트워크를 볼 수 있게 합니다."

마크는 다른 대학에도 이 프로그램을 퍼트렸다. 친구 더스틴에게 협조를 요청했다. 두 사람은 컬럼비아, 뉴욕, 스탠퍼드, 다트머스, 코넬, 펜, 브라운, 그리고 예일을 방문하고 '더페이스북' 소식을 알렸다. 일주일 지나자 하버드 학부생 약 반수가 등록하고, 대학원생, 졸업생, 교직원도 등록했다. 3주 후 등록 인원은 6천 명이 되었다. 공개 후 투자자들이 가담 여부를 타진

해왔다. 6월에는 어느 투자자가 마크의 회사를 천만 달러로 매
입하겠다는 제안을 했다.

2
더페이스북과 함께한 사람들

　마크와 더스틴은 2004년 중반에 팰로앨토에 사무실을 열었다. 회사의 51% 주식은 마크가 보유하는 것으로 정하고, 그는 최고경영자(CEO)가 되었다. 세브린의 지분은 34.4%였다. 그동안 회사 설립과 운영 자금은 세브린과 마크의 예금에서 인출했고, 상당액의 광고 수입이 그 돈에 보태졌다. 마크는 모스코비츠의 공로를 감안해서 그의 지분을 6.81%로 증액시켰다. 새로 가담한 파커는 6.47%를 받았다. 모스코비츠와 파커에 대해서는 1년 후 직원으로서의 활동을 지켜본 다음 지분을 두 배로 올려주기로 했다. 설립 당시의 사무를 처리한 법률사무소에 대해서는 나머지 1.29%의 지분을 주기로 했다.

　세브린은 불안했다. 모스코비츠와 파커의 지분이 늘어나

면, 자신의 지분은 줄어들기 때문이다. 그는 격노하고, 자신의
은행 계좌를 동결시켰다. 이 때문에 더페이스북은 운영비를 지
불할 수 없게 되었다. 두 사람은 서로 합의서를 작성하고 만났
지만, 타협은 좀처럼 이루어지지 않았다. 마크는 계속 자신의
예금을 회사에 털어 넣었다. 부모들도 지원금을 보냈다. 마크와
가족들은 총액 8만 5천 달러를 더페이스북에 보냈다. 여름방학
에 프랑스에서 아르바이트를 하고 돌아온 크리스 휴즈도 회사
에 합류했다. 그는 마크의 두뇌 역할을 하면서 회사 일을 도왔
다. 3학년이 된 휴즈는 다시 하버드로 돌아갔지만, 마크는 여러
문제에 관해서 끊임없이 그와 전화로 상의했다. 여름이 지나자
더페이스북 이용자가 20만 명이 되었다. 마크와 모스코비츠는
9월에 70개 학교로 프로그램을 추가할 계획이었다. 파커는 투
자자들과 계속 협상을 진행하고 있었다.

에두아르도 세브린

에두아르도 루이즈 세브린은 1982년 3월 19일 브라질의
상파울루의 부유한 유대인 가정에서 태어났다. 에두아르도의
부친 로베르토 세브린은 의복, 선박, 부동산업으로 성공한 기업
가였다. 그의 모친은 심리학자였다. 1993년 이들 가족은 미국으

로 이민 와서 플로리다 마이애미에 거처를 마련했다. 세브린은 하버드대학교에 입학해서 마크 저커버그와 친해졌다. '피닉스 S.K. 클럽'의 회원이면서 동시에 하버드투자협회 회장이었던 그는 유류사업에 투자해서 30만 달러를 버는 기업가였다. 피닉스 클럽에서 에두아르도는 마크와 자주 만났다. 에두아르도는 컴퓨터에 대해서는 아는 것이 많지 않았다. 그러나 기업적 감각이 뛰어난 그는 일찍부터 마크를 주목했다.

2003년 10월 말 커클랜드 기숙사에서는 역사적인 일이 벌어지고 있었다. 마크는 기숙사에서 맥주를 들이켜면서 컴퓨터를 응시하고 있었다. 그는 늘 아디다스 샌들을 신고 후드가 달린 작업복을 걸치고 있었다. 마크는 키보드를 연신 뚜드리고 있었다. 액정 스크린을 향해 사색에 잠기는 순간이 그로서는 가장 행복한 순간이었다. 밤 8시가 지나고 있었다. 스크린에 'Facemash/제작 기록'이라는 문자가 떠올랐다. 페이스매시가 서서히 작동되고 있었다. 하버드대 기숙사 커클랜드 하우스 연감의 학생 사진이 대학 서버에서 그의 컴퓨터로 다운되었다. 계속해서 다른 기숙사의 학생 사진도 다운되었다. 마크의 눈이 빤짝이기 시작했다. 오전 2시 8분이었다. 작업은 계속되었다. 새벽 4시가 되었다. 다운로드된 사진은 수천 장이 되었다. 데이터가 입수되면, 다음은 '알고리즘 언어'였다. 웹사이트를 제대로 운용하려면 알고리즘 구축은 긴요했다. 알고리즘이 완성되면, 다음은 프로그램을 쓰는 일이다. 마크는 이 일을 '페이스매시닷컴 (Facemash.com)'이라고 명명했다.

마크는 작업을 끝냈다. 페이스매쉬는 학내에 알려지기 시작했다. 마크는 인터넷으로 사교를 하는 '소셜 네트워크'를 만들고 싶다고 에두아르도에게 말했었다. 그 이름을 '더페이스북'이라고 명명하고 싶다고 말했다. 에두아르도는 눈을 깜박였다. "멋진 생각이다." 그는 즉각적으로 호응했다. 에두아르도는 이일에 참여하고 싶었다. 마크도 그것을 원했다. 마크는 그에게 개발 자금이 필요하다고 말했다. 서버를 빌려서 인터넷에 올리려면 돈이 필요하다고 말했다. 에두아르도 주머니에 30만 달러 있는 것을 마크는 알고 있었다. 에두아르도는 물었다. "얼마가 필요해?" 마크는 대답했다. "천 달러 정도면 되겠는데, 빌려줘." 에두아르도는 고개를 끄덕였다. "배당은 7대 3이다. 내가 7이요, 네가 3이야. 너는 우리 회사의 최고재무책임자(CFO)가 된다." 에두아르도는 다시 한 번 고개를 끄덕였다. "잘될 것 같아." 에두아르도는 씽긋 웃었다. "잘되고말고." 마크는 활짝 웃었다.

9월 상순, 회사가 세브린 때문에 어려운 지경에 놓여 있을 때, 설상가상으로 캐머론 윈클보스, 타일러 윈클보스, 디브야 나렌드라 등 하버드 커넥션 3인조 학생들이 마크가 자신들의 아이디어를 도용하고 자신들을 이용했다면서 연방 재판소에 지적소유권 침해를 이유로 고소를 제기했다. 이 사건은 2008년 중반, 더페이스북 일부 주식을 이들에게 이양하는 조건으로 타협이 이루어졌다. 마크는 이런저런 일이 겹쳐 2학년 때 하버드를 중퇴했다.

2004년 더페이스북 이용자 수는 늘었지만 서버의 처리 능력이 한계에 도달했다. 세브린은 여전히 은행 계좌를 동결하고 있었다. 개학 때까지 충분한 서버를 준비하지 않으면 서비스가 중단될 위기에 처했다. (세브린은 더페이스북 소액 지분으로 수억 달러의 막대한 재산을 보유하게 되었다. 2009년부터 그는 싱가포르에서 거주하며 사업을 하고 있다. 2011년 그는 미국 국적을 포기했다. 막대한 금액의 세금을 회피할 목적이었다는 의혹이 제기되면서 미국에서 논란과 비난의 표적이 되었다.)

피터 틸

회사 운영 자금은 다급했다. 마크는 숀 파커, 스티브 베넷과 함께 투자 유치를 위해 피터 틸을 만나러 갔다. 베넷은 파커의 변호사였는데, 여름 이후 회사의 법률 고문이었다. 24세의 신중한 파커가 말문을 열었다. 더페이스북에 학생들이 대거 몰려들고 있는 현황을 소개하면서 세일즈에 나섰다. 마크는 티셔츠에 청바지를 걸치고, 아디다스 샌들을 끌고 갔다. 마크는 거의 입을 열지 않았다. 질문을 받으면 천천히 낮은 목소리로 수많은 대학이 더페이스북을 두드리고 있다고 말했다. 마크는 저자세로 나가지 않았다. 전혀 감정을 드러내지 않고 담담하게 회사의 미래를 전망했다. 마크는 자신이 모르는 것은 모른다고 말했다. 피터 틸에게는 마크의 그런 자세가 인상적이었다. 피터는 며칠 동안 파커와 상담을 계속한 뒤 투자하기로 결정했다. 이 투자는 훗날 "기업 역사상 가장 멋진 투자"로 평가받게 되었다. 피터는 더페이스북에 50만 달러를 대출하기로 했다. 이 대출은 회사 가치를 490만 달러로 평가한 것이었다. 놀라운 것은 이 대출이 후에 10.2%의 더페이스북 주식으로 전환된다는 계약서 조항이었다. 더페이스북에 반년 이내 2004년 12월 31일에 150만 사용자가 등록하면 대출금이 자동적으로 주식으로 전환되어 더페이스북은 대출금 상환 의무가 소멸된다는 조항이었다. 이 때문에 마크와 동료들은 등록자 영입을 위해 필사적으로 뛰었다. 그것은 절체절명의 동기 부여였다. 불행하게도 연말에 150만 등록을 달성하지 못했다. 그런데 놀랍게도 피터 틸은 등록 미달에 실망하지 않고 대출을 주식으로 전환해주었다. 기막힌 기업가 정신이었다. 이 일로 그에게는 충분한 보상이 뒤따랐다. 홋

날 주식의 반을 매각했는데, 나머지 반만으로도 시중 가격은 수억 달러가 되었다. 피터는 더페이스북의 중역에 취임하고 회사 발전에 기여하게 되었다.

피터 틸은 1967년 10월 11일 독일 프랑크푸르트에서 태어났다. 그의 나이 한 살 때, 양친과 함께 미국으로 이민 왔다. 그는 캘리포니아 포스터 시에서 성장했다. 현재 그는 미국의 기업가, 헤지펀드 매니저, 사회평론가이다. 그는 더페이스북의 외부 투자자이다. 2004년 그는 10.2%의 지분을 보유하며, 이 회사의 이사가 되었다. 틸은 10억 달러 상당의 주식을 매도하고도 현재 500만 주를 소유하고 있다. 그는 '팰런티어 테크놀로지 펀드' 공동 창업자이며 회장이다. 그는 7억 달러 자금을 보유한 글로벌 헤지펀드 '클래리엄 캐피털' 회장으로 있다. 20억 달러 자산을 지닌 벤처기업 펀드인 '파운더스 펀드'의 공동 경영자이기도 하다. 2012년 6월 투자 펀드회사 '미스릴 캐피털 매니지먼트' 공동 창업자 겸 투자 분과 위원장으로 재임하고 있으며, 국제적인 벤처기업 '발라 벤처'의 공동 창업자이면서 회장으로 있다.

틸은 2011년 포브스 세계 400대 기업가 중 293위에 올랐으며, 2012년 3월 현재 개인 재산 15억 달러를 소유하고 있다. 2014년 포브스 마이더스 리스트에 22억 달러 재산으로 4위에 올랐다. 틸은 샌프란시스코에 거주하고 있다. 그는 전미 '체스 고수' 21위 안에 들어 있다. 틸은 스탠퍼드대학교에서 20세기 철학을 공부하여 1989년 학사 학위를 받았으며, 1992년 스탠퍼드 로스쿨에서 법학박사 학위를 취득했다. 그는 1987년 교육과 법률 관련 분야의 평론을 주로 싣는『스탠더드 리뷰(The Standard Review)』를 창간했다.

틸의 놀라운 점은 철학과 법학을 이수한 후 금융업에 뛰어들면서 대규모 자선사업을 실천하고 있다는 사실이다. 그와 조지 소로스(George Soros)는 경력이 너무도 비슷하다. 틸은 '틸 재단'을 창립하고 그가 번 돈을 공익사업에 어떻게 사용할 것인가를 연구하고 있다. 그가 세운 경영 철학은 '기술혁신 사업'의 추진이었다. 2010년 11월 '자선 돌파 회의(Breakthrough Philanthropy Conference)'에서 그는 기술, 정부, 인간 관련 분야 여덟 가지 공익사업을 성안하게 되었다. 이 일을 수행하기 위해서 그의 재단은 '틸 펠로십', '이미타시오', '브레이크아웃 랩' 등 세 개 프로젝트를 시행하고 있다.

틸은 미국 교육의 위기를 실감했다. 그는 2014년에 미국 대학 시스템은 1514년 시대의 가톨릭 교회와 같다고 말했다. 대학 교육의 다양성이 부족하다고 지적했다. 틸 펠로십은 20세 (2015년 22세로 변경됨) 이하 청소년에게 2년에 걸쳐 10만 달러 장학금을 수여하는 프로젝트이다. 2010년 9월 틸은 이 펠로십을 선포했다. 이들 대학 중퇴 청소년들은 과학 연구, 창업 과제, 사회봉사 활동 등에 참여하게 된다. 매년 시행되는 선발 시험에서 20~25명의 펠로가 등장한다. 첫 펠로가 2011년 5월 선정되었다. 이미타시오는 르네 지라르의 '모방이론'을 통한 세계의 이해를 목적으로 삼고 있다. 브레이크아웃 랩은 지원금 확보를 위한 초기 단계 과학 연구에 수여하는 장학금이다. 이 장학금은 전통적인 보수적 경향의 지원금 수혜에서 제외되는 급진적이며 파격적인 성격의 연구에 집중하는 독특한 성격을 띠고 있다. 첫 선발이 2012년 4월 17일과 동년 8월 15일 실행되었다.

틸 재단은 다른 세 분야의 연구 활동을 지원하고 있다. 그 분야는 자유, 과학과 기술, 반(反)폭력 등이다. 그동안 지원을 받은 기관과 단체는 다음과 같다.

Machine Intelligence Research Institute, Anti-aging research: SENS Foundation, Seasteading Institute, Committee to Protect Journalists, Human Rights Foundation, Oslo Freedom Forum, Methuselah Foundation.

2013년 12월 로라 콜로드니는 틸 펠로십에 관해서『월 스트리드 저널』에 다음과 같이 글을 썼다. "틸 펠로가 '67 벤처'를 시작해서 5,540만 달러를 모금하고, 두 권의 책을 냈으며, 6천 명 케냐인들에게 물과 태양 전력을 공급했다. 80명의 전현직 펠로우들이 1억 4,200만 달러의 벤처 캐피털을 조성해서 4,100만 달러의 수익을 올리고, 375개소의 직장을 창출했다."

틸은 지성인, 정치 지도자, 회사 중역들의 모임인 '빌더버그 그룹' 운영위원이다. 그는 정치적으로 보수적 자유주의자이다. 그는 이 그룹에 100만 달러를 기부해서 최고 기부자가 되었다. 그는 공화당에 막대한 기부금을 냈다. 그는 기독교인 양친에 의해 양육되어 기독교 신앙을 갖고 있다. 스탠퍼드대학교 시절, 그는 프랑스 문학비평가이며 철학자인 르네 지라르의 감화를 받고, 그의 신봉자가 되었다. 가톨릭 신자인 지라르는 사회적 갈등을 해소하는 방법으로 희생과 희생물의 역할을 강조했는데, 틸은 이 말에 감명을 받았다. 틸은 여러 잡지와 신문에 글을 기고했다. 그의 저서『제로에서 하나로(Zero to One)』(2014)는 2012년 봄, 그가 스탠퍼드대학교에서 강의한 내용을 정리한 것이다.

마크의 사장 취임

피터 틸의 자금으로 새로운 서버를 사들일 수 있게 되어 더페이스북은 맹렬하게 확산되었다. 가을 학기 첫 주에 15개 대학이 네트워크에 추가되었다. 11월 30일 더페이스북에 100만 명째 사용자가 등록을 했다. 탄생 10개월 만에 거둔 성과였다. 더페이스북 성공 소식은 투자를 자극해서 마크를 찾는 전화가 빗발쳤지만 마크는 아무런 반응도 나타내지 않았다.

마크는 말했다. "나는 이 세상을 확 열어 보이고 싶다." 그의 말대로 대학 캠퍼스가 더페이스북 때문에 확 열린 광장이 되었다. 대학 신입생에게 배부하는 인쇄물에는 사진과 이름, 그리고 출신 고등학교 정도만 들어 있다. 이런 정보만으로는 상대방을 자세히 알아볼 수 없다. 그러나 더페이스북이 생긴 다음부터는 더 깊게, 광범위하게 상대방을 알 수 있게 되었다. 특히 남녀 관계에서는 이 일이 아주 중요한 안건으로 떠오른다. 남학생이 여학생에 대해서 친구가 되어달라고 신청할 수 있게 되었고, 여학생은 상대방의 프로필을 더페이스북에서 검색할 수 있게 되었다. 2004년 4월에 더페이스북이 하룻밤 새에 다트머스대학교를 석권했던 일도 이런 관점에서 보면 쉽게 이해할 수 있다. 등록하지 않으면 소외된다는 강박관념은 더페이스북 등록을 친구들끼리 밀어붙이는 상황을 초래했다. 마크와 모스코비츠는 학생들의 이런 현상을 "황홀상태(trance)"라고 규정했다. 한번 빠져들면 끝없이 이어지는 정보의 바다로 최면술에 걸린 듯 유영하게 되는 도취감 때문이다.

파커가 중심이 되어 더페이스북은 투자를 표명한 『워싱턴

포스트』와 벤처스 캐피털과의 교섭을 진행했다. 더페이스북은 여전히 자금이 부족했다. 파커는 친구 모리스 우데거로부터 30만 달러를 빌려왔었는데 어느새 그 돈도 바닥이 났다. 파커는 다시 30만 달러를 빌리려고 했다. 협상이 진행 중일 때, 바이아콤이 새로운 안건을 물고 들어왔다. 더페이스북을 통째로 7,500만 달러로 매수하겠다는 것이다. 더페이스북 친구들은 깜짝 놀랐다. 마크는 당장 호주머니에 3,500만 달러가 들어오지만 그런 제안에는 흥미가 없었다. 파커와 모스코비츠에게도 각각 1천만 달러가 굴러들어오기 때문에 친구들 일부는 제안을 받아들이자고 야단이었다.『워싱턴포스트』는 10% 주식 취득과 중역 자리 하나가 가능하면 600만 달러를 출자하겠다고 제안했다. 이 제안에도 마크와 파커는 끄덕도 하지 않았다. 액셀과의 투자 상담에서 합의가 이루어졌다. 액셀은 주식 15%를 소유하고 1,270만 달러를 투자하기로 했다. 액셀 파트너즈의 공동 경영자 짐 브라이어는 자신의 개인 돈 100만 달러를 추가로 투자하겠다고 제안했다. 그는 결국 더페이스북의 임원으로 참여하게 되었다. 액셀과의 거액 자금 조달 교섭에 성공한 파커의 수완을 보고 더페이스북 친구들은 경악을 금치 못했다. 더페이스북은 이제 본격적으로 인재를 모으고 마음껏 서버를 사들일 수 있게 되었다. 더스틴도, 마크도 이제 겨우 21세 새파란 청년이었다. 이들은 나이와는 상관없이 비전, 독창성, 헌신적 봉사에서 남다른 점이 있었지만 아직도 경험은 부족했다. 유일하게 손위인 25세 숀 파커는 회사 생활 경험이 있었고 운영에는 천재적 소질이 있었다. 그러나 파커는 조직에 구속되는 일을 싫어했다. 그는 본성이 반항아였다. 그는 후에 일을 저질렀다. 운이 나빴다. 그의 별장에서 마약이 적발된 것이다. 결백이 입증되어 처벌은 면했지만 이 사건으로 도의적인 책임을 지고 회사 사장직을 내놨다. 파커는 자신이 공들인 회사에서 세 번씩이나 물러나는 악운을 경험하게 되었다. 파커는 후임을 결정할 권리가 있었다. 파커는 마크를 사장으로 추대했다. 마크는 이를 받아들였다. 다섯 명의 임원 가운데서 사장은 두 명의 임원을 임명할 수 있기 때문에 과반수의 지지를 확보하게 된다. 마크는 이제 더페이스북의 절대 권력을 장악하게 되었다. 마크는 파커가 물러난 후에도 그에게 회사 운영의 자문을 요청했다.

숀 파커

숀 파커는 1979년 12월 3일 버지니아 주 헌든에서 태어났다. 부친 브루스 파커는 해양학자였고 모친 다이앤 파커는 텔레비전 광고 브로커였다. 숀이 일곱 살 때, 부친은 아타리 800으로 프로그램을 그에게 가르쳤다. 해킹과 프로그래밍은 10대의 손에게는 무엇과도 바꿀 수 없는 취미가 되었다. 해킹으로 16세 때, F.B.I.의 조사를 받았으나 미성년이었기 때문에 사회봉사 정도의 처벌로 끝났다. 파커는 고등학생 때, 여러 가지 컴퓨터 프로젝트로 연간 8만 달러의 수익을 올리고 있었다. 이 때문에 그는 양친으로부터 대학 진학을 포기하고 기업에 진출하는 허락을 얻었다. 어린 시절부터 파커는 독서광이었다. 언론은 그를 천재라고 말했다.

파커는 5만 달러를 확보하자 1990년 6월 '냅스터'를 설립했다. 그는 냅스터를 "냅스터 대학"이라고 불렀다. 대학에서 못 배운 것을 그곳에서 학습할 수 있었기 때문이다. 1년 안에 냅스터는 수천만 이용자를 확보했다. 냅스터는 음악 사업을 혁신하면서 급속도로 발전했다. 냅스터는 '아이튠즈'의 선구자가 되었다. 2002년 11월 파커는 온라인 주소인 소셜 네트워크 '플락소'를 발표해서 2천만 명 상용자를 확보했다.

2004년 파커는 더페이스북을 보았다. 파커는 마크 저커버그를 만나 몇 개월 후에 함께 일을 하기로 약속했다. 그는 더페이스북의 최초 투자자로 참여해서 초대 사장 자리를 차지했다. 사장 취임 후, 그는 피터 틸을 더페이스북 투자자로 끌어들였다. 기숙사 동창들 모임으로 이뤄진 회사를 파커는 더페이스북을 기업체로 발전시키는 공을 세웠다. 파커는 2009년 스웨덴 온라인 음악 서비스 회사 '스포티파이'에 1억 5천만 달러를 투자하고 그 회사 임원으로 참여했다. 2011년 스포티파이는 미국 시장에 진출했다. 파커는 스포티파이와 더페이스북을 파트너로 묶었다. 이어서 파커는 '보티즌', '에어타임', '와일콜', '브리게이드 미디어', '피플즈 오퍼레이터'에도 투자를 했다.

파커는 암 연구, 말라리아 퇴치 운동 단체, 환경 단체, 자선 단체에 대해서 과감한 재정 지원을 하고 있다. 그는 부유층 증세를 위한 법 개정을 추진하기 위해 미국 양당 관계자들에게 정치자금을 제공하고 있다. 더스틴 모스코비츠가 7만 달러를 후원하는 것을 보고, 그는 10만 달러를 캘리포니아 정치 운동단체 'Proposition 19'에 기부했다. 파커는 소셜 미디어를 자선운동에 연결시키는 단체인 'Causes'를 창단했다. 2010년 9천만 명이 이 단체에 가입한 후, 이 단체는 2,700만 달러를 모금했다.

3
더페이스북에서 페이스북으로

페이스북 10억 달러로 사겠다

2005년 가을, 더페이스북은 '페이스북(Facebook)'이라는 새로운 이름을 갖게 되었다. 미국 대학의 학부 학생 85%가 페이스북의 등록자가 되었다. 매일 이들 가운데 60%가 로그인하고 있었다. 페이스북은 미국 대학 정보 시장을 제패했다.

페이스북 운영 회의에서는 매일 활동 방향에 관해서 토론이 계속되었다. 국제화할 것인가, 성인층으로 대상을 확대할 것인가, 고등학생들에게 눈을 돌릴 것인가라는 문제가 거론되었다. 결국 고교생에게도 문호를 개방하기로 하고 준비 작업에 착수했다. 그런데 문제는 고교생들의 신원을 어떻게 파악하느냐는 것이었다. 묘안이 떠올랐다. 사용자의 친구 관계를 이용하자는 것이었다. 대학교 1학년 또는 2학년 학생이 고교생 친구나 후배를 페이스북에 초대하는 방식을 강구했다. 이 부름을 받고 고교생이 가입하면, 그 고교생이 또 다른 친구를 초대하면서 수는 기하급수적으로 증가할 것이라고 예상했다. 페이스북은 전 미국 3만 7천 개의 공사립 학교에 각기 별개의 네트워크를 만들어냈다. 고교생으로 가는 서비스는 페이스북 내 별개의 네트워크로 운영하도록 했다. 고교생 등록이 매일 2만 명씩 늘어났다. 이제 페이스북은 대학생 전용이 아니었다. 마크와 모스코비츠는 두 개의 서비스를 하나로 통합하기로 했다. 2006년 2월 통합 작업을 끝냈다.

페이스북 가입자는 100만 돌파 후 10개월 만에 500만을 돌파했다. 페이스북 운영대상 대학은 1,800개교가 되었다. 그러나 페이스북은 광고 수입이 있음에도 연간 600만 달러의 적자를 기록했다. 적자는 액셀에서 들어온 돈으로 메꾸어나갔다. 마크는 적자에 대해서 별 신경을 쓰지 않았다. 페이스북만이 아니라 주변에서도 인터넷 소셜 네트워킹 서비스가 늘고 있었다. '닝', '디그', '비보', '하이 5' 등이 문을 열고 있었다. 반응도 좋았다. 페이스북은 다른 네트워크에 없는 새로운 기능을 추가했다. 그것은 여러 사진을 여러 장 바꿔서 올리는 장치였다. 이 때문에 사진은 페이스북의 인기 항목이 되었다.

마크는 사진 기능을 첨가하면서 영감이 떠올랐다. 아무리 사소한 것이라도 사교적 관련을 맺게 되면 놀라운 효과를 발생한다는 것이다. 이 성과를 발전시키기 위해 톱클래스 프로그래머의 영입이 절실해졌다. 페이스북이 사진 애플리케이션 기능을 탑재하고 성장세로 가자 컴퓨터와 미디어 업계가 페이스북의 움직임을 예의 주시하게 되었다. 인터넷이 시작된 이래 이토록 뜨거운 호응을 얻은 적이 없었다. 페이스북은 기존의 업계와는 근본적으로 사업적 발상이 달랐다. 창업한 지 20개월도 안 되었는데 20억 달러의 가치가 있다는 소문이 돌기 시작했다. 2006년 6월에는 세계 제3위 광고 에이전시가 페이스북에 가담하기로 결정했다. 인터퍼블릭 그룹은 1년간 1천만 달러의 광고료를 페이스북에 지불한다는 계약을 맺은 것이다. 이 협찬은 페이스북의 약진을 도모했다.

도대체 페이스북에 대해서 왜 사람들은 난리법석인가? 이유는 간단했다. 사람들은 궁금한 것이다. 인간은 호기심으로 움직인다. 타인의 정보를 알고 싶은 것이다. 내 친구에 무슨 일이 일어나고 있는가. 어떤 새로운 변화가 있는가. 내가 모르는 일이 주변에서 일어나고 있는 것은 아닌가. 특히 젊은이들은 이성관계에 민감하다. 그녀의 사진을 보고 싶어 한다. 그 남자의 사진을 보고 싶어 한다. 클릭… 클릭… 클릭… 클릭은 계속된다. 페이스북은 이 모든 정보를 풀어줄 방안을 새로운 인재를 선발해서 끊임없이 연구하고, 개발하고, 창안하고 보급했다. 기술적 도전은 계속되었다. '뉴스피드' 기능이 탄생되어 전 세계 문화, 교육, 정치, 경제의 최신 정보를 쉽게 얻을 수 있게 되었다. 뉴스피드는 제품의 진화였다. 2005년 6월, 야후 경영진이 페이스북을 10억 달러로 매입하자는 결론을 내렸다. 마크는 어리둥절했다. 주역들은 의견이 둘로 갈렸다. 마크와 숀 파커, 피터 틸, 모스코비츠는 매각에 반대했다. 벤처 캐피털리스트 브라이어는 출구(exit)의 기회로 삼고 매각하자는 입장이었다. 매각하면 액셀은 14개월 만에 투자액의 열 배를 벌수 있기 때문이다. 사원들 대부분은 매각 반대였다. 특히 모스코비츠는 페이스북 초기부터 마크와 단짝이었다.

더스틴 모스코비츠

더스틴 모스코비츠는 1984년 5월 22일 플로리다 주 게인스빌에서 태어나서 오칼라에서 성장했다. 그는 마크보다 8일 늦게 태어났다. 유대인이었다. 그는 하버드대학교에서 2년 동안 경제학 공부를 하다가 팰로앨토로 가서 마크의 페이스북에

동승했다. 2004년 2월 페이스북을 함께 시작한 하버드 동창 가운데 마크 저커버그, 에두아르도 세브린, 크리스 휴즈, 더스틴 모스코비츠 등 세 명은 기숙사 한 방 친구였다. 2004년 6월 마크와 더스틴은 하버드를 떠나 캘리포니아 팰로앨토에 사무실을 내고 여덟 명 사원들이 한데 뭉쳤다. 나중에 숀 파커가 합류했다. 모스코비츠는 최초의 우두머리 기술자였다. 2008년 10월 3일 모스코비츠는 페이스북을 떠나 페이스북 기술자 저스틴 로젠스타인과 함께 '아사나'라는 이름의 새 회사를 창립했다. 그는 모바일 사진 사이트 '패스'의 투자자였다. 이 회사는 전 페이스북 기술자였던 데이비드 모린이 창업한 회사였다. 2011년 2월 구글은 이 회사를 매수하기 위해 1억 달러를 제안했지만, 모스코비츠는 모린에게 사절하라고 충고해서 거절했다. 모스코비츠는 2011년 여자 친구 카리 튜나와 함께 자선 단체 '굿 벤처'를 창립했다. 2012년 그는 세계 최연소 억만장자가 되었다. 2015년 7월 현재, 그의 재산은 99억 달러로 평가되고 있다.

4
진화하는 페이스북

'뉴스피드', 세상에 변화를 주다

　　브라이어 일파들의 매각 압력의 중압감 때문에 마크에게 잠 못 이루는 고민스런 날이 계속되었다. 그럴 때면, 그는 드라이브하면서 그린 데이, 위자의 음악을 듣거나 공원과 풀장 주변을 몇 시간이고 산책했다. 여자 친구 프리실라는 "팔고 나서 뭐해요?"라면서 용기를 주었다. 마크는 누나 랜디에게 말했다. "큰돈이지요. 사원들은 이 돈이면 평생 잘살 수 있죠. 그러나 우리는 세상에 변화를 주고 싶습니다." 매매 교섭은 7월 초 2주간 계속되었다. 마크는 끝내 승복하지 않았다. 마크는 자신만만했다. 야후가 제시한 액수는 탐이 났지만 '뉴스피드'의 성공을 확신하고 있었다. 그것이 성공하면 회사 가치는 더 오를 것이기 때문이다.

　페이스북에 위기가 왔다. '뉴스피드' 반대 세력이 집결한 것이다. 일리노이 주 노스웨스턴대학교 3학년생 벤 바가 시작한 반대 캠페인 참여자가 70만 명이 되었다. 500개의 반대 그룹이 생겼다. 반대 이유는 정보 과잉 발송이었다. 회사 측 대응은 마크의 블로그에서 시작되었다. "침착하세요. 듣고 있습니다." 회사가 쓰러지는 것 아닌가? 위구심이 번졌다. 마크는 사과문을 발표했다. "적절한 프라이버시 기능을 조립하지 못한 것은 우리들 잘못이었습니다." 이어서 그는 공개 토론에 참가하겠다는 뜻을 밝혔다. 반대 운동은 서서히 진정되었다. 뉴스피드가 정보 교환에 필요하다는 것을 알아줄 날이 올 거라고 마크는 믿고 있었다. 그동안의 전달 방법은 상대에게 정보를 발송하는 일이었다. 그러나 '뉴스피드'는 페이스북에 정보를 올림으로서 필요한 사람이 정보를 퍼가도록 만드는 일이었다. 자동화된 전달 방식으로 정보를 교환할 수 있게 된 것이다. '뉴스피드'로 세상은 더 가까워진다는 것이다. 세상 모든 정보를 정기 구독하게 된다. 페이스북은 오픈 등록제를 실시했다. 22세 마크 저커버그는 1,200만 명의 회원을 확보하고 있었다.

페이스북의 책임과 한계

투명한 개인, 정보 전달 사회, 그 한계는 어디까지인가? 이 질문은 페이스북이 직면하고 있는 근본적인 문제가 된다. 마크는 자신을 감추지 않고 노출하고 일관성 있게 행동하면 건전한 사회를 만들 수 있다고 믿고 있다. 과연 그럴 수 있을까? 투명한 세상이 되면 사람들은 사회적 규범과 윤리를 지키고 책임 있는 행동을 할 수 있을 것인가? 마크는 할 수 있다고 믿고 있다. 그러나 이 문제는 개인의 프라이버시 문제이기도 하지만, 페이스북이 강조하는 것은 사회생활의 "대담한 투명성"이다. 사람의 경력, 인간관계, 관심사, 취미, 성장 과정, 학력 등에 관해 상세한 기록을 남기고 있는데, 젊은 층은 대부분 이 정보 공개를 수락하고 즐기는 경향으로 가고 있다. 프라이버시와 투명성 충돌은 페이스북의 경우 모순된 입장에 서 있지만, 2006년 '뉴스피드'와 2007년의 '비콘'의 경우 2009년 초의 이용 약관은 이 어려움에 대한 해결책이었다. 페이스북은 친구들을 그룹으로 나누어서 정보 공개 수준을 정하는 방법을 공개했다. 이에 대해서 EPIC(전자프라이버시 정보센터)는 미국연방거래위원회에 페이스북을 조사하고 처벌해줄 것을 요청했다. 2009년 말의 프라이버시 설정 '에브리원' 옵션 등은 이 문제를 해결하는 노력의 산물이었다. 사실 페이스북에는 비밀이 없다. 사생활도 일정 부분 공개되어야 한다는 정책을 초창기부터 고수하고 있다. 아이로 니컬하게도 그 흡인력으로 사람들이 몰리고 있는 것이다. 페이스북은 사실상 개인의 이익과 손해를 동시에 쥐고 있다고 할 수 있다. 그 선택은 사람들 인격의 몫으로 돌아간다. 뉴욕 법과대학원의 제임스 그리멜먼 교수는 말했다. "페이스북에는 심각한 프라이버시 문제와 포괄적으로 탁월한 프라이버시 보호 장치가 있다. 프라이버시 문제의 대부분은 사람들이 페이스북을 열광적으로 사용하는 방법에서 생긴 자연스런 귀결이다. 개인 정보 제어의 욕구와 사회적 교류의 욕구 사이에는 서로 용납할 수 없는 긴장 관계가 있다." 그는 프라이버시 침해에 관한 문제는 페이스북 자체의 문제가 아니고, 사용자의 행동의 결과라고 거듭 강조하고 있다. 페이스북은 실명을 사용하기 때문에 자신의 발언에는 책임이 따르게 되어 있다. 이를 입증하듯이 2009년 9월 포네몬 연구소가 조사한 바에 의하면 페이스북은 미국에서 열 번째로 신용할 수 있는 회사라는 결론이 나왔다.

페이스북 평가 150억 달러

페이스북은 일반인에게도 공개되어 폭발적인 성장을 이룩

했다. 그러나 심각한 문제가 발생했다. 페이스북은 돈을 벌어야만 했기 때문이다. 세계로 뻗어나가 서비스를 제공하려면 돈이 필요했다. 그동안 광고는 미국인 상대였다. 해외 광고 파트너가 필요했다. 이미 국내 광고 계약을 맺고 있는 마이크로소프트는 해외 광고에 관여하고 싶어 했다. 페이스북은 마이크로소프트에 의존하고 싶지 않았다. 마크는 피터 틸에게 자금 조달 임무를 맡겼는데, 외부로부터 자금을 조달하려면 회사 평가액을 산정해야 한다. 마크는 평가액을 200억 달러로 추산했다. 마이크로소프트 얘기가 나왔을 때 평가액은 150억 달러가 된다는 말이 나왔었다. 마이크로소프트는 5월에 인터넷 광고 회사 '어퀀티브'를 60억 달러에 매입했다. 마이크로소프트는 150억 달러 평가액을 기준으로 페이스북 1.6%에 대해서 2억 4천만 달러를 출자하기로 했다. 이 계약은 2008년 10월 24일 발표되었다. 페이스북은 기타 투자자 금액을 합치면 총 3억 7,500만 달러에 달했다. 2008년 불황을 넘어갈 수 있는 충분한 현금이 마련되어 마크는 안심이 되었다.

셰릴 샌드버그와 페이스북 광고 사업

셰릴 샌드버그가 페이스북에 와서 경영진을 재편성했다.

이 때문에 회사를 그만두는 사원이 늘어났다. 핵심적인 일을 했던 오언 밴 나타의 퇴직은 모두를 놀라게 했다. 샌드버그는 페이스북의 영업 방향의 초점을 광고에 맞췄다. 마크의 창업 공신들은 흩어졌다. 초기 측근들 오언 밴 나타, 맷 콜라도 물러나고, 마크의 고교 동창 애덤 단젤로는 최고 기술자 찰리 치버를 데리고 나가 '쿼라'라는 새 회사를 차렸다. 최대의 충격은 더스틴 모스코비츠의 퇴직이었다. 창업 당시 마크의 오른팔이었던 그는 페이스북 주식 6%를 보유한 대주주이다. 그는 페이스북을 나왔어도 마크와 만나고 상호 협조 체제를 유지했다.

대단히 이성적이고 논리적인 사고를 하는 샌드버그는 페이스북이 지닌 광고 환경에 희망을 걸고 있었다. 페이스북은 계속 돈이 필요했기 때문에 광고로 수입을 올려야 했다. 마크가 샌드버그를 경영 핵심에 포석한 이유가 거기에 있었다. 마크는 투자비로 거둬들인 3억 7,500만 달러를 신바람 나게 쓰고 있었다. 그 돈으로 회사원과 기술자들을 영입했다. 어느새 약 500명이 되었다. 이들에게 월급을 지급하고, 데이터 센터에 100대 단위로 서버를 추가했다. 해외에도 센터를 설치할 예정으로 준비하고 있었다. 페이스북 본사 건물에서 한 구획 떨어진 곳에 카페테리아를 열고, 구글에서 일류 요리사를 불러와서 사원들에게 무료로 음식을 제공했다. 사무실도 넓은 건물로 이전할 계획이었다. 샌드버그는 입사 후 주변 정리를 마치고, 경영진을 불러 광고 사업 전략 회의를 정기적으로 주최했다. 마크는 휴양 겸 세계 일주 여행을 떠났다. 그는 여행 가방 하나 들고 베를린, 이스탄불, 인도, 일본 등 여러 곳을 돌아다녔다. 덜커덩거리는 버스를 타고 히말라야 고산지대에도 가봤다. 스티븐 잡스가 순례하던 곳이다. 마크의 여행은 샌드버그에게 경영의 자유와 독단을 허락했다. 사원들은 마크가 일부러 그런 기회를 주었다고들 수군댔다.

샌드버그 광고 전략 회의는 오후 6시부터 9시까지 저녁 식사를 들면서 일주일에 한두 번 열렸다. 광고 책임자부터 담당 기술자까지 광고 분야 핵심 사원들이 모인 자리에서 샌드버그는 화이트보드에 큰 글씨로 "우리들의 사업, 그 본질은 무엇인가?"라고 썼다. 이윽고 자유 토론 시간을 가진 다음 전원에게 발언 기회를 주었다. 전략 회의를 거듭할수록 참석 인원 수는 늘어났다. 보통 15명에서 20명이었다. 여기서 거론되는 내용을 놓치면 안 된다는 여론 때문에 모두들 혈안이 되었다. 스태프들은 시장 조사 결과물을 들고 왔다. 시장의 규모, 예측 성장률, 각 업계의 유력자 이름들이 적혀 있었다. 몇 주일 동안 회의를 거듭한 후, 샌드버그는 페이스북의 수익이 앞으로 어디서 얼마만큼 있을 수 있는지 각 개인에게 물었다. 전원이 70% 이상 광고 수입일 것이라고 대답했다. 샌드버그가 8차 전략 회의를 끝낼 즈음, 마크가 여행에서 돌아왔다. 그는 전략 회의가 얻은 결론을 반기며 좋아했다.

페이스북에서는 광고 관련 영업 사원이 260명 일하게 되었다. 샌드버그가 오기 전에는 전 세계에 영업소가 세 군데밖에 없었다. 그가 온 다음에 영업소는 17개소로 급증했다. 페이스북 본부는 캘리포니아 팰로앨토에 있다. 유럽과 아프리카, 중동 본부는 아일랜드 더블린에 있다. 아시아 본부는 서울에 있다. 오세아니아 본부는 뉴질랜드 웰링턴에 있다. 동남아시아 본부는 인도 하이데라바드에 있다. 광고업계는 차츰 페이스북으로 이동하고 있었다. 온라인 광고주는 2008년에서 2009년 사이 세 배 증가했다. 2009년 전미국광고주협회가 조사한 바에 의하면 광고주의 66%가 소셜 미디어를 사용하고 있었다. 그 대부분이 페이스북이었다. 2007년에는 불과 20%였다. 2008년 경제 불황기에도 페이스북은 타격을 받지 않았다. 2009년 12월 페이스북은 530억 건의 광고를 표시했다. 이것은 네트광고 14%에 해당하는 물량이었다. 2009년 페이스북의 총 수익은 5억 5천만 달러였다. 2008년에는 3억 달러였다. 100%의 성장률이었다. 콤스코아 여론조사회사가 2009년 말 조사한 것을 보면 약 1억 1천만 명 페이스북 사용자들이 한 달에 6시간을 사이트에서 지낸다는 것이다. 페이스북의 비즈니스 모델은 광고가 되었다.

셰릴 샌드버그는 강연장에서 이렇게 말했다. 이 말은 자기 자신에게 하는 말 같기도 했다.

"일어나세요. 직장의 최고 자리를 목표로 삼으세요. 그럼 으로써 당신은 당신 한 명만을 위해 일어서는 게 아니라 우리 여성 모두가 일어서는 것이기 때문입니다. 당신이 리더가 되면 서, 그리고 당신으로 인해 더 많은 여성들이 리더가 되면서 당 신의 고정관념을 바꿀 수 있기 때문이며, 다른 모든 여성들에게 도 긍정적 영향을 미칠 수 있기 때문입니다."

페이스북은 진화하고 있다

2009년 3월 닐센 조사회사가 놀라운 발표를 했다. 소셜 네 트워크에서 보낸 시간이 인터넷 메일에 사용한 시간을 앞섰다 는 것이다. 이 발표는 커뮤니케이션 형태의 주류가 바뀌고 있 다는 것을 말하고 있다. 2009년 조사에 의하면 180개국에서 매 일 신규 가입자가 약 100만 명씩 늘고 있는데, 연말에 총 3억 5 천만 명을 초과했다는 것이다. 페이스북이 이토록 성공한 이유 는 여러 가지 있을 수 있겠지만, 정보 공유가 간단하고, 친구라 는 개인을 특성화시켰기 때문이라고 많은 평론가들은 지적하고 있다. 전 세계로 확산시킨 공로는 사용자 인터페이스 언어가 빠른 속도로 현지 언어로 번역되었기 때문이다. 예컨대 페이스북 2,800만 스페인어 사용자를 위해 세계에서 모인 1,500명 스페인어 이용자가 4주일 안에 완전 버전을 만들어냈다. 페이스북은 아시아 전역에서도 급성장했다. 페이스북 성공의 비결이 뭐이냐고 묻는 기자에게, 마크는 대답했다. "정보 공유 수단을 개량하는 것만으로도 사람들의 인생을 바꿀 수 있기 때문입니다." 마크는 특히 페이스북의 3대 특성인 "투명, 공유, 기부"의 개념이 사회에 널리 확산되어 공정한 세계가 실현되기를 갈망하고 있다.

2009년 1월 마크는 셰릴 샌드버그와 함께 세계경제포럼, 일명 다보스포럼에 참석하고 있었다. 테이블 건너편에는 구글의 공동 창립자 래리 페이지가 있었다. 이 모임은 페이스북의 출자자 벤처 캐피털의 액셀 파트너스가 기술자와 과학자를 위해 매년 다보스에서 개최하는 모임인데, 그는 한 병에 600달러하는 캘리포니아 명산 와인을 아낌없이 대접하고 있었다. 2010년 현재 마크는 페이스북 주식 약 24%(약 30억 달러)를 보유하고 있었다. 두 번째 대주주 액셀은 약 10%이다. 더스틴 모스코비츠는 6%이다. 러시아의 '디지털 스카이 테크놀로지'가 5%, 에두아르도가 5%, 숀 파커는 약 4%, 피터 틸은 3%, 마이크로소프트는 1.3%를 보유하고 있다. 그레이록 파트너스, 메리테크 파트너스가 각각 1~2%, 홍콩의 억만장자 리카싱(李嘉誠)이 약 0.75%를 소유하고 있다. 광고주 인터퍼블릭 그룹 0.5%, 맷 콜라, 제프 로스차일드, 애덤 단젤로, 크리스 휴즈, 오언 밴 나타 등 전·현 직원 소수 그룹 1%, 리드 호프먼, 마크 핑커스, 웨스턴 테크놀로지 인베스트먼트 등 직원들과 외부 투자자들이 나머지 30% 전후의 주식을 소유하고 있다. 2015년 7월 현재 마크는 425억 달러의 재산을 소유하고 있는 페이스북의 회장이며, 최고경영자(CEO)이다.

유일하게 아시아인으로서 마이크로소프트와 페이스북에서 역할을 하고 있는 사람이 리카싱이다. 그는 2014년 자산 310억 달러 소유자로서 세계 갑부 20위 자리를 확보했으며, 아시아인으로서는 최고의 자산가로 꼽히고 있다. '청쿵(長江)실업집단'을 이끌고 있는 홍콩 재벌이다. 그는 소년기 가난한 생활을 했다. 1928년 광둥 차오저우(潮州)에서 태어난 그는 중일전쟁이 발발하자 1940년 가족들과 함께 홍콩으로 도피했다. 그는 그곳에서 시계상을 하고 있는 숙부 집에서 기식했다. 12세 때였다. 14세에 일터로 나가 일할 때, 그는 플라스틱 물건을 보고 충격을 받는다. 그는 17세 때, '청쿵 플라스틱 회사'를 설립했다. 이 순간이 그의 운명을 바꿨다. 잡지에 "이탈리아에서 플라스틱제

조화 개발"이라는 기사를 읽고, 이탈리아로 가서 조화 공장에서 일을 하면서 제조 방법을 익혔다. 홍콩으로 돌아와서 그가 만든 '홍콩플라워'는 대성공을 거뒀다. 이 상품은 아시아와 유럽에 수출되어 세계 시장 80%를 장악했다. 리카싱은 이 사업으로 얻은 자금으로 부동산업에 진출해서 거금을 벌었다. 문화대혁명으로 세상이 시끄러워져서 홍콩 시민들이 부동산을 싼 값으로 처분하고 해외로 도피하는 상황이 벌어졌다. 부동산 가격이 이 때문에 폭락했다. 그는 이 기회에 대대적으로 부동산 매입을 시작했다. 1967년의 소동은 진정되고, 지가와 부동산 가격이 상승했다. 리카싱은 일약 대부호가 되었다. 이후 그는 미국 금융시장을 겨냥하면서 주식 거래를 하고 있다.

5

마크의 신조와 사회 공익 활동

2012년 10월 마크는 러시아 총리 드미트리 메드베데프를 만나기 위해 모스크바를 방문했다. 러시아의 소셜 미디어 개혁을 자극하고 페이스북 기지를 러시아 시장에 개척하기 위해서였다. 러시아 통신 장관은 마크에게 러시아 프로그래머를 유인하지 말고, 모스크바에 연구 센터를 설립하라고 권고했다. 2012년 러시아에는 약 900만 명의 페이스북 사용자가 있었다. 2014년 스페인 바로셀로나에서 개최된 MWC(Mobile World Congress) 회의에서 마크는 각국에서 모인 7만 5천 명 대표들에게 "모바일 기술 발전이 앞으로 자신의 목표"라고 언명했다. 마크는 "지식경제는 인류가 지향해야 하는 미래이다"라고 강조했다. 그가 언급하는 지식경제는 온라인을 통한 지식의 습득과 유통으로 인간의 생활을 향상시킨다는 것이었다.

페이스북을 통한 인간과 기업의 관계는 앞으로도 발전할 것이다. 이를 통해 미래 산업에 놀라운 성과를 이룩할 것이라는 전망은 가능하다. 제품의 콘셉트, 디자인, 제조 과정에서 소비자의 협력을 얻으면서 생산 원가가 절감되고, 소비자가 원하는 제품을 생산하며, 고객 로열티를 산출할 수 있기 때문이다. 이 경우 페이스북은 거대한 협업체가 된다. 페이스북의 사용자들이 만든 애니메이션 영화는 그 좋은 예라 할 수 있다. 〈라이브 뮤직〉이라고 이름이 붙은 이 영화는 17개국 51명의 사용자들이 만든 5분짜리 영화이다. 페이스북에서 이 영화를 방문한 사용자는 5만 7천 명이다. 이 가운데서 1만 7천 명이 특별한 소프트웨어를 다운로드했다. 이들은 어느 부분을 영화에 포함시킬 것인가를 투표로 결정했다. 아이디어가 채택되면 500달러가 상금으로 수여된다. 이 영화는 2009년 말 소니 영화사의 배급으로 극장에서 개봉되었다. 이 과정을 보면 '소셜 네트워킹'이 '소셜 프로덕션'으로 전환되는 가능성을 알 수 있다. 이 일은 페이스북이 성취한 친구 관계가 창조 산업을 유발해서 제품이나 서비스를 만들어내는 사회적 능력을 지니고 있음을 알리고 있다. 소비자들은 자신의 개인 정보를 발신하고, 기업은 그 정보를 수신해서 소비자가 원하는 제품을 생산하는 효율성이 달성되는 것이다. 샌드버그는 자랑하고 있다. "우리는 누구보다도 질 높은 정보를 갖고 있습니다. 성별, 연령, 장소 등을 알고 있습니다. 이것은 진짜 데이터입니다. 추론해서 얻은 것이 아닙니다." 페이스북 셀프 서비스 광고 페이지에서는 자신의 광고를 특정한 사람에게만 보여주는 일도 가능하다. 지정한 날, 지정한 도시, 지정한 회사 직원들만 볼 수 있는 광고를 발신할 수도 있다. 페이스북 사용자에 관한 지식을 사용해서 광고주의 시장조사를 돕는 일도 할 수 있다. 어떤 회사가 어떤 CM송을 사용할 것인가 고민할 때, 광고주 페이지에 있는 회원의 프로필을 조사해서 그들이 어떤 음악을 좋아하는지 알아보면 답이 나올 수 있다.

마크는 '스타트업' 교육 재단을 설립했다. 2010년 9월 22일 그는 이 재단을 통해 뉴저지 주 뉴워크 시의 공립학교를 지원하기 위해 1억 달러를 기부했다. 2010년 12월 9일 마크 저커버그, 빌 게이츠, 워런 버핏은 공동으로 기부 약속을 했다. 그들 재산의 반을 자선단체에 기부한다는 약속이다. 마크는 2013년 12월 9일 1,800만 달러 액수의 페이스북 주식을 실리콘밸리 커뮤니티 재단에 기부했다(시가 9억 9천만 달러). 2013년 저커버그 부부는 10억 달러 기부자로서 미국 최고 자선 행위 기부자가 되었다. 2014년 10월 저커버그 부부는 서아프리카 에볼라 전염병 퇴치를 위해 2,500만 달러를 기부했다.

마크의 부인 프리실라 찬은 사이공 함락 후 미국으로 이민 온 중국계 베트남인의 딸이었다. 그녀는 보스턴 교외 브레인트리에서 태어나, 2003년 퀸시고등학교를 졸업했다. 마크가 대학 2학년 시절인 2003년에 만난 연인이었다. 2010년 9월 마크는 당시 샌프란시스코 캘리포니아의과대학교 학생이었던 프리실라를 팰로앨토 하우스에 초대해서 사랑을 나누면서 결혼을 다짐했다. 2012년 5월 19일 두 사람은 마크 집 뒤뜰에서 결혼식을 올렸다. 그날은 프리실라의 대학 졸업을 축하하는 날이기도 했다. 2015년 7월 31일 마크는 첫 딸의 출산을 예고했다.

마크 저커버그는 건강하고 힘이 넘치는 젊은이다. 그는 밤낮으로 일을 해도 건강이 유지된다. 다른 사람보다 더 많은 시간과 정력을 일에 쏟아부을 수 있다. 건강은 그의 행운이라 할 수 있다.

저커버그는 탐구 정신이 강하다. 스티브 잡스의 말대로 지식에 굶주린 '헝그리' 정신의 소유자이다. 정신의 배를 채우기 위해서 그는 끊임없이 지식을 탐식한다. 저커버그는 '지식경제'라는 말을 만들어내기도 했다.

저커버그는 남에게 지지 않으려는 투쟁심에 넘쳐 있다. 그는 새로운 분야를 개척하기 위해 온갖 시련을 극복하며 앞만 보고 달리는 광기를 지니고 있다.

저커버그는 사람을 보는 눈, 사람을 자기 편으로 끌어들이는 인간적인 매력, 그리고 카리스마가 있다. 저커버그 주변에 모인 사람들은 총명하고, 유능하고, 민첩했다. 지도자는 사람 복이 있어야 한다는 말은 그에게 해당되는 말이다. 사람을 끌어들이는 수단은 돈만으로 되는 것은 아니다. 인간적인 신뢰감이 중요하다. 그 신뢰감 때문에 페이스북은 통합된 하나의 조직으로서 상하 일체감이 형성되고 친화력이 이룩되었다.

저커버그는 창조적 비전의 소유자이다. 세상 현황에 대한 그의 통찰력은 인간과 세계의 앞날에 대해서 효율적으로 대처하게 만들었다. 시장의 기능, 생산자와 소비자, 투자자와 기업가의 관계 변화에 대한 확실한 비전은 그의 사업 영역을 확대하고 발전시키면서 안정되고 평화로운 산업 문화에 공헌했다. 막대한 재산을 자선단체에 기부하는 그의 인간사랑은 세상 온 누리에 눈부신 빛을 발산하고 있다.

이 모든 성품과 자질이 저커버그를 21세기 문명 사회에서 성공하게 만들었다.

왜 청바지를 입은 재벌인가?

빌 게이츠 · 스티브 잡스 · 마크 저커버그